澳门城市大学学术论丛

椅所欲言

设计学研究方法的思考

CONTEMPLATIONS ON CHAIR DESIGN: A MULTIDISCIPLINARY APPROACH TO DESIGN STUDIES

宋武　王伯勋　编著

广东高等教育出版社
Guangdong Higher Education Press
·广州·

图书在版编目（CIP）数据

椅所欲言：设计学研究方法的思考 / 宋武，王伯勋编著 . -- 广州：广东高等教育出版社，2025.7.

ISBN 978-7-5361-7928-8

Ⅰ. TB21-3

中国国家版本馆 CIP 数据核字第 2025AV7133 号

YISUOYUYAN：SHEJIXUE YANJIU FANGFA DE SIKAO

出版发行	广东高等教育出版社 地址：广州市天河区林和西横路 邮编：510500　　营销电话：（020）87553335 网址：http://www.gdgjs.com.cn
印　　刷	广州小明数码印刷有限公司
开　　本	787 mm × 1092 mm　1/16
印　　张	11.5
字　　数	238 千字
版　　次	2025 年 7 月第 1 版
印　　次	2025 年 7 月第 1 次印刷
定　　价	45.00 元

前言

伴随科技与经济的高速发展，设计学科也逐渐进步成熟。设计在推动产业发展、社会进步、学科交叉、创新研究等多方面的作用已被大众认可。然而，与其他重要学科相比，设计学科在基本理论、体系化知识基础、代表性研究范式及研究方法、研究与转化的技术路径、核心科学问题与核心技术等方面仍存在许多不足。近年来，国内设计教育快速发展，新增了一些设计学博士学位授权单位，这充分说明了国家、社会和市场对设计专业的重视。同时，摆在设计教育面前的挑战日益显现，如何完善面向研究生层面的设计理论与方法，健全理论研究与应用转化的系统机制，以及如何构建与其他学科融合的体系，成为设计学科建设中必须思考和探索的重要议题。

在此背景下，澳门城市大学创新设计学院开展了一系列立足于质量建设的教学实践。其中，设计学博士课程中的“设计学研究方法”是一门理论与研究方法相结合、强调多学科融合的必修课。课程内容以设计艺术学本体论为核心，融合艺术学、社会学、工程学、心理学和管理学等学科的理论和研究方法，为环境设计、产品设计、服装设计、视传数媒设计等不同设计领域的学生提供通用性理论和研究方法，引导和帮助学生思考科学问题、掌握研究方法、理解实验范式、驾驭证明和证伪、重视理论联系实践、关注创新性学术价值和社会效益、重视科研伦理和社会进步，并养成系统性思考方式，以培养研究生的学术素养，使学生形成终身学习的习惯，共同为设计学科的持续发展做出贡献。

本著作是这门课程学生分组作业的汇编，我们计划通过这次尝试开启对设计学研究方法的探索和成果积累工作，希望通过几届设计学博士的努力汇涓成河，逐渐形成较为系统的理论方法教材。本著作作为澳门城市大学设计学方法论探索与成果积累系列的第一部，主要是引导读者建立系统多元的理论方法认识，以椅子为载体更好地关联设计实践，运用多元的研究方法为实际设计服务。本著作适合设计学研究者，以及攻读设计学研究生的学生阅读，也可作为设计师和设计研究爱好者拓宽视野的读本。

这部著作得到了澳门城市大学的鼎力支持，特别是创新设计学院王伯勋院长，从著作规划到编写实施都付出了大量精力，在王院长的推动下这部著作才得以完成。也要感谢参与编写的澳门城市大学创新设计学院 2022 级博士课程班的同学们，谢谢你们的努力付出！本著作由宋武和王伯勋主编，葛蔚初、范添怡、林伟豪负责编写第一章“椅子与设计艺术”和第二章“椅子与史学研究”，钱立权和卓晓洁负责编写第三章“椅子与设计哲学”和第四章“椅子与设计美学”，马誉铭和王宁负责编写第五章“椅子与人因工程”和第六章“椅子与工程技术”，李逸轩和李光辉负责编写第七章“椅子与设计心理”和第八章“椅子与智能设计”，杨楷枫和洪宇晨负责编写第九章“椅子设计的系统论”。宋武、李艳、李光辉进行全书编排和校对工作。由于设计学研究方法正处于不断发展成熟之中，澳门城市大学创新设计学院在这个领域的积累也处于不断的迭代之中，限于目前的条件以及编者的学识水平，书中难免有疏漏与不足，恳请广大读者批评指正。

宋　武

2024 年 10 月

目 录

第一章

椅子与设计艺术

设计艺术学的研究目的与意义

在本书的开始，我们需要先探讨设计艺术学研究的内容。“设计艺术学研究”是否可以拆分为“设计艺术学”和“研究”两部分？设计是人类特有的一种生存方式，也是人的本质特征之一。

设计艺术学是关于设计艺术这一人类创造性行为的专业领域，其中的设计是人类独有的创造力，这种能力与艺术密不可分。日本设计师黑川雅之（Kurokawa，2018）举了一个例子，指出空间的形成起源于一根柱子。想象一个人在广阔的原野中行走，当他想要休息时，一棵枯树便能成为他的支撑。因为枯树如同一根柱子，能够传递空间场域的气场，只要靠近这根柱子，旅人便会本能地感到安心。柱子具有的向心场域让人们自然而然地围绕在其周围扎根生活。

在围绕这根柱子生活的初期，人们即使没有椅子，也会寻找一个可坐之处来开始工作。男人们奔跑、投掷以捕捉猎物，经常处于行动中；而女人则会在此期间坐在倒木或岩石上，忙于耕作与烹煮。当猎物被捕获后，人们会为了进食而处理猎物，并用毛皮做衣服。上述这些工作一定是在地上或坐在适当的石台上进行的。从站立工作或坐地作业中，逐渐演化出工作台或座椅，使工作变得更加轻松便捷。

从追逐猎物的狩猎和采集树木果实等直接生产作业开始，逐渐引入将这些资源加工成容易食用或保存的间接生产作业，相关的加工工具与技术也随之出现。在这一基础上，制造的物品日益增多，收纳家具也随之诞生。随着人类文明的进步，越来越多的工具被设计和制造出来，最终发展成为现代社会所见的各种事物。可以说，椅子是所有家具的起点，因此本书将围绕“椅子”展开设计学方法论的探讨。

研究的本质在于探求事物的本质、特性和规律。它是一个提出疑问并以系统化方法寻找解答的过程。（李立新，2010）在设计艺术学的背景下，研究具体化为对人类创造性行为、技术、艺术及相关设计现象的科学探究与创新活动。由此可知，设计艺术学研究是科学研究的一个重要分支，旨在揭示并阐释人与物、人与环境之间的相互作用与联系，并通过设计行为进行信息的传递。

设计艺术学的研究方法作为进行此类研究活动的工具，旨在促进对人类创造物的深入理解，并服务于日常生活的设计实践。设计艺术学研究的核心宗旨在于推动知识创新，构建一套系统性的知识体系，加强对人类创造物的理解。这一过程旨在深化我们对自身创造力的认识，以及对我们所处的人造环境的理解。

从另一角度看，设计艺术学研究作为一种科学探索，其知识创新随着人类对造物世界认知的逐步积累而实现。（柳冠中，2011）这类研究活动通过多样化的方法和手段，对设计领域的一般常识、个人经验、传统权威及其他知识来源进行系统化、组织化和结构化的科学分析。相较于依赖个体经验、口传知识或直觉判断等较为松散的知识形态，尤其是那些基于常识、感性认知或非结构化操作经验积累而形成的知识方式，设计艺术学研究更注重理论建构与方法整合，通过系统化、组织化和结构化的路径推动知识生产，展现出更高的系统性、组织性、结构性和科学性，从而为设计实践和理论发展提供了坚实的知识基础。

对设计的经验性总结，早在我国先秦时期就已有《考工记》，而在西方古罗马时期，则出现了维特鲁威的《建筑十书》及老普林尼的《博物志》。这些著作被视为设计艺术学研究的最早起点。本书所介绍的设计方法论，涵盖了设计理论研究的方法以及设计实践研究的方法，以家具的起点——椅子为例，展开对设计方法论的深入探讨。

本书的写作目的在于从研究和方法论的角度，为从事设计研究的人提供普遍适用的研究方法。希望透过本书由浅入深地从椅子拓展到整体方法论，读者能够以小见大，举一反三地学习、理解并掌握设计学方法论，进而有效解决各类设计问题。

设计艺术学的研究特征与范畴

我国设计艺术学科虽然刚刚建立，但其研究历程已跨越六十余年。回顾这六十多年的发展，设计艺术学研究经历了显著的变迁。随着时代的演变、技术的进步和时尚的更迭，研究呈现出此起彼伏的发展态势。例如，20 世纪 50 年代的研究集中于手工艺生产，而 80 年代则将焦点转向传统设计的形式和设计教育，90 年代更多地探讨了设计消费和绿色设计的议题。进入 21 世纪，研究领域进一步拓展，涵盖了设计伦理、设计批评、数码动画、设计创意产业以及现代手工艺等。这些研究虽然看似回归传统主题，实则引入了全新的概念和模型。（李立新，2011；徐恺，2023）设计艺术学作为一种特定的研究类型，具有三个基本特征：研究主题聚焦于人与物的关系，研究方式为系统性探索，研究问题聚焦现实。接下来将对这三个方面进行详细阐述。

一、人与物的关系

设计艺术学的研究主题专注于人与物之间的关系，而不仅仅是纯粹的艺术表达。虽然从学科分类上看，设计艺术学属于艺术研究的范畴，但由于其本质特征，它跨越了艺术与工学这两大领域，形成了一门在两者之间游走的学科。设计艺术学的研究内容相当广泛，几乎凡是在日常生活中“使用”的“构件”、所涉及的“策划”及部分生产“过程”、各种“广告”，以及不同的“场所”，都可以成为设计学研究的主题。这与纯艺术研究有着显著区别，后者关注的是艺术现象本身及其与社会和人的关系，而设计艺术学则将目光投向更广泛的领域，包括技术、材料、功能性、消费观、环境观，这些因素与日常生活的关联。艺术审美因素只是其中的一个主题而非全部。

设计艺术学的研究主题主要涉及人为造物活动，即创造人与物之间关系的过程。这意味着研究必须涵盖造物主体与使用者的行为，以及这些行为所产生的各种设计现象。研究范围包括物品的制造、工艺与技术，技术与艺术的关系，还需关注人们如何接受和使用这些物品及其感受。此外，还需探讨人与物、物与物、物与环境、人与环境之间的复杂互动，以及设计如何适应社会生活的变化。总的来说，设计艺术学的研究主题广泛，涵盖了人工物的创造全过程，并与人类生活的各个方面紧密相连。

二、系统性探索

系统性是指设计艺术学研究必须对可感知的经验资料进行分类和分析，并最终以新的形式重新表达。例如，当前我们观察到周围的椅子形态与过去的传统形式有所不同，但椅子的结构却始终不变。每当我们看到一种未曾见过的椅子样式时，我们本能地识别出这是一把椅子，并且明白它是用来坐的。

通过系统性的方法分析这些现象，并基于人类学和文化学的视角对其进行解释，我们就能回答“椅子的结构为何能持续至今”这样的问题，并为其他人工物的设计提供启示。这正是设计艺术学研究的一般模式。换句话说，设计艺术学的研究是从经验感知中萃取知识要点，这与那些在不知不觉中接触和使用物品所获得的经验性感知有着明显的区别。

三、聚焦现实

设计艺术学科具有较强的应用性和实践性，因此其研究问题大多源自现实需求。尽管在设计基础研究中，有时会暂时抛开形状和颜色的自然属性，采用抽象的形态和色彩组合训练方法，例如平面构成和色彩构成，但在实际的设计学研究中，这种抛弃设计现实性而仅研究其抽象关系的做法并不适用。就像科学无法解决所有问题一样，设计学研究也无法应对设计中的所有挑战。决定设计学研究能否有效回应社会实践需求的核心，在于其研究问题是否具有现实性。换言之，关键在于研究所关注的问题是“现实的”，即与实际使用、社会环境、人群需求等相关，还是“非现实的”，即脱离使用语境、停留在抽象层面的探讨。设计艺术学研究不会探讨“美是什么”这类抽象问题，而是聚焦于具体的问题，例如，椅子设计中的“美”是如何表现的，或者椅子的“实用性”与“审美性”如何统一。许多问题看似抽象，如伦理、价值观、哲学和美学等，一旦与设计问题挂钩，便会转化为具体的现实问题。例如，设计伦理问题非常具体且现实，像“椅子设计如何满足身体有障碍者、老人和病人的需求”这样的问题就非常典型。

在探讨设计艺术学研究的范围时，我们首先需要明确研究的内容和边界。哪些问题属于设计艺术学的研究范畴，哪些不属于？尽管我们认为物品是设计艺术学研究的对象，但并非所有实用的人造物都可以被称为设计。否则，我们也可以去研究刚出厂的椅子配件，例如螺丝钉等物件。并不是所有与创造的有形物相关的内容都在设计艺术学的研究范围之内。像椅子中的原材料研究属于材料学的范畴，设计学不能独立地对此进行研究。虽然有人会举例说明设计中需要了解和研究材料及其性能，但单独进行材料的研究并不属于设计学的范畴。

尽管如此，作为“设计”考量的人造物仍然过于庞大，种类繁多。设计学研究不同于“设计研究”，它不专注于特殊的技术研究，而是着重于普遍的设计问题。然而，设计艺术学研究的合理出发点仍然是阐释设计本身，这就是设计的内部研究领域。因此，我们将从家具的起点——椅子出发，从以下八个领域展开本书的内容：椅子与历史、椅子与哲学、椅子与美学、椅子与人因、椅子与工程技术、椅子与心理、椅子与智能设计、椅子与系统论。

设计艺术学研究的难点及复杂性

一、设计艺术的特殊性

设计艺术学所研究的内容涵盖人与物、物与物、物与环境，以及物与社会之间的关系，横跨艺术学、工学和管理学三大领域。在方案策划、文本模型和艺术表现方面，设计艺术学属于艺术学科；在材料工艺、技术生产和环境安全方面，则属于工程学科；而在信息系统、市场营销和系统管理方面，则属于管理学科。这三者之间并非各自独立，而是紧密联系，互为一体。

设计艺术的特殊性在于其研究对象既具备自然科学的客体特性，也拥有社会人文科学的主体特性。正是因为设计的跨学科交叉和复杂性，所以在研究中对物的材料、工艺、技术和环境的判断往往缺乏自然科学的精确性，而对设计现象和设计行为的解释与预测也难以达到社会科学与人文学科的深度。

二、设计艺术现象的复杂性

首先，设计“艺术类型”的巨大差异使得研究涉及的相关因素更加复杂多样。例如，服装设计与家具设计之间就存在显著差异。人类在衣食住行上的多样化导致了设计门类的细分。在设计领域自然存在诸如服饰设计、陶瓷设计、漆器设计和家具设计等多种门类。这些类别不仅可以概括为更宏观的类别，如环境艺术设计、平面设计和工业设计；还可以细分出各自的次级分类体系，例如，在服饰设计中，可以划分为时装、生活服装、运动服装和戏剧服装等。此外，设计类型的范式在历史演变中也充满了复杂的变化，包括旧范式的巩固、遵循、突破和革新，以及新范式的实验、建构、推广和确立。类型之间的冲突与交融，以及类型之外各种因素的作用，使得设计类型变化多端、难以捉摸，甚至可能让人感到混乱繁杂、难以把握。其次，设计行为的复杂性也不容忽视。设计必然涉及社会、生理、心理、历史、文化及其他许多因素。因此，设计艺术学的研究者往往面临比美术学和音乐学研究者更为烦琐的变量。

三、设计艺术的制约因素和研究的特定制约

设计艺术的制约因素繁多，因此设计艺术被称为“羁绊艺术”。设计既受到工艺、技术等各种生产系统的限制，也受到政治、经济、社会和习俗等因素的影响。一件设计作品若没有相应的技术支撑，就难以实现。我们很难想象在一个没有木工技术的社会中，会出现木质椅子的设计产品，或者在原始社会中出现金属椅子。设计研究的难点不仅体现在设计的特殊性、复杂性及其众多限制上，还体现在研究这些复杂限制的变量时，受到的其他因素的制约。在纯艺术的研究中，研究者可以根据目标的需求，对心理、审美、接受和体验等进行反复研究。然而，在设计研究中，研究者面对的是作为商品销售的产品。由于商业利益的考量，他们可能无法获得完整的商品数据，并且必须在自己的研究与商业利益之间保持明确的界线，设计研究者不能依附于某个企业来评判设计。

设计艺术学的研究方法

方法论是指在特定学科中所采用的研究方式和方法的综合，它规范了该科学学科的原理、原则和方法体系。设计艺术学的研究方法论主要涉及设计学过程的逻辑关系和研究的哲学基础，主要从以下六个方面展开：关于设计现象的一系列命题及其理解；命题之间的逻辑性与设计艺术学的哲学基础；设计艺术学研究过程及结果与真实性和可观性的联系；设计的价值与研究之间的相互关系；设计艺术学研究中的不同范式及其应用；以及理论方法的可检验性。（潘天波，2020）

一、关于设计现象的一系列命题及其理解

读者会思考这些问题：他们会用什么方式来了解椅子？又如何收集关于椅子的资料？一般来说，没有受过学术训练的人，为了快速获得答案，常常会使用搜索引擎进行查询。例如，在中国最大的搜索引擎百度中，我们可以得到“椅子是一种日常生活家具，通常有靠背和扶手的坐具”这样的回答。这个答案似乎说明了椅子的存在场景、结构和功能，但仍显得不够深入，研究者需要在大量文献中获得对设计现象的性质、设计的本质以及主体如何解释的理解。我们需要通过什么方式来可靠、准确地再现和理解这样的回答呢？这要求我们不仅停留于对椅子功能与形态的直观描述，还应借助设计史的梳理、文化语境的分析、类型学的方法以及跨文化比较的路径，去揭示其背后更深层的设计逻辑与价值观念。也就是说，研究者需从文献回顾、类型划分、符号解读等多种角度入手，构建出对设计现象更加系统、深入的理解。例如，方海在《现代家具设计中的“中国主义”——对椅子原型的研究》（方海、陈红，2002）一文中指出，现代椅子设计中“中国主义”无疑扮演着重要角色。他将“中国主义”分为至少九种品类，并指出其原形或初始形态，包括框架型侧椅、框架型扶手椅、躺椅、折叠凳或椅子、圈椅或U形靠背椅、可弯曲材料设计形式、竹椅和自然式椅等。作者集中论述了这些设计师与中国椅子类型，包括：①托马斯·奇彭达尔与他的中国椅子；②中国框架椅与其现代化；③麦金托什与格林兄弟；④汉斯·韦格纳与中国圈椅；⑤中国折叠椅与其现代化；⑥中国的凳子与其现代灵感；⑦中国竹藤椅与其现代化；⑧中国自然式椅与其现代化；⑨中国躺椅与其现代化。

在“中国主义”（Chineseism）之前，曾出现过“中国风”（Chinoiserie），这是一种在西方长期流行并广受欢迎的东方设计风格，被视为最能体现东方魅力的代表形式之一。它对装饰和设计的各个领域都产生了影响，甚至改变了家具、园林、餐具和挂毯的传统设计习惯。“中国风”是一种奇特的现象，虽然它是一种完全的欧式风格，但其灵感完全来自东方。作者指出，作为现代家具的重要研究课题，“中国主义”一直未受到应有的关注，只有当现代家具设计师对中国文化，特别是对中国古代家具设计产生兴趣并将其用作设计参考时，“中国主义”才得以在他们的思想和作品中表现出来。作为世界家具发展中的两大主要体系之一，中国家具体系的出现和成熟几乎是独立进行的，并且是循序渐进地发展。在早期，中国家具以组合式和几何式的“桌子”形态出现，这些形态是后来桌子、柜子，甚至凳子和椅子的雏形。到了周朝（公元前1046至前256年），生产力的提高推动了手工艺和漆器工艺的发展，使其达到很高的水平，于是出现了第一种中国家具风格——楚式风格。

总结这篇论文，可以说：以“中国主义”为切入点，通过收集具有中国主义的欧洲椅子案例，对其进行分析和总结，从这些西方椅子原型中提炼出中国主义在椅子设计中的内涵，即反映在传统中国家具设计中的一些基本精神、思想或准则。

二、命题间的逻辑性与设计艺术学研究的哲学基础

命题之间的逻辑性与设计艺术学研究的哲学基础，指的是其经验对象领域是一个可描述的系统。张晓凡与陈满儒在《基于“人本主义”语境下的办公家具的重构》（张晓凡、陈满儒，2013）一文中观察到，现代办公家具存在三个主要问题：缺乏人性化设计、缺少人情味，导致工作效率降低，以及对环境的关注不足。针对这些问题，作者提出了办公家具“人本主义”重构的方法：以西方哲学的人本主义（人本学）为出发点，分别对应使用“人性化”“人情化”和“人际化”的构建，同时对于生态化环境的建设，则细分为“材料的生态化构建”和“技术工艺的构建”。基于生态化环境的理念，设计中具体聚焦于办公家具的再制造过程，增加废旧部件的回收率，以最大限度利用废旧办公家具中可用的资源，延长办公家具的使用寿命，并减少对环境的污染。这篇文章以现代办公家具缺乏对人和环境的关注为背景，分析了办公家具的“人本主义”内涵，研究了办公家具对使用者的生理关注、心理关注和情感关怀，并进一步探讨了办公家具材料和工艺的生态化问题。作者提出了人性化、人情化、人际化和生态化的办公家具构建方法，为创造一个更加健康、舒适并与环境和谐共处的新型工作环境提供了理论依据。

三、设计艺术学研究过程及结果与真实性、客观性的联系

设计艺术学的研究过程及其结果与真实性、客观性的联系，指的是研究中的假设和环境都与经验真实相连，所使用的图例、图表和量化工具也有助于准确地表达客观性。黑川雅之在《椅子与身体》一书中提出，椅子与设计艺术的关系中，人类的身体构造是导致人类成为不安定生物的根本原因。观察普通人的一天行为，我们发现人类依赖“行、坐、卧”三个基本姿势生存，具体可概括为：睡眠 8 小时、站立 8 小时和坐下 8 小时，“坐下”这一行为占据了人生的 1/3。因此，如果要探讨椅子设计，首先必须考虑人类的身体结构。人的身体由骨头和肌肉组成，其中骨头作为支架，肌肉则起到牵引的作用。正因如此，人的身体是一种不稳定的结构体。在站立过程中，人类会无意识地进行小幅度的摇晃调整，以保持整体的平衡，而椅子则是帮助人类平衡身体的一种辅助工具。为了验证这一思想，科学的研究方法会采用如问卷调查的量化方法，或与人因工程学的跨领域研究来进行验证。本书后面的具体章节将展开这些内容。

四、设计价值与研究之间的关系

设计的价值与研究之间的关系，指的是设计的根本问题实际上是价值问题。对于人工物的研究，本身就是一个价值评判的过程，尤其是在设计美学问题的研究中，必须依赖

价值论的方法进行。谢振东等在《从考现到设计：街道“椅子”场所的共生》（谢振东、杨一丁，2020）一文中指出，在我国大城市发展的转型期，设计师在“城市更新”的理念下，不断探索改善城市人居环境的途径。该文尝试以今和次郎的考现学内涵作为研究视角，对广州文明路的街道景观进行分析，并以街道上人与椅子的交互行为作为研究线索。在“采集—分类—总结”的过程中，提出了“椅子”场所的概念及其构成，旨在揭示当地人在街道中的空间实践与场所认同，同时暴露街道中的矛盾问题，最终提出“街道共生”的设计策略，以提升街道的质量和包容性，为街道改造设计提供新的研究与设计可能性。这项研究与传统意义上由设计师进行的设计研究有所不同。研究者走进城市日常生活的街巷，运用“路上观察学”的田野调查方法，从人们习以为常的事物中挖掘价值。文明路的“椅子”与街道使用者之间的关系显得更加密切。此外，文明路的“椅子”不一定是传统意义上的坐具，在某些情况下，人们会自由地坐在街道上的其他构筑物或设施上，这些同样构成了“坐”的场所。各种形式的“椅子”承载着文明路上多样的公共活动，体现了当地的人文特色。文章探索了人与这些“野生椅子”之间的设计关系背后的隐性价值以及存在的问题，并提出了一种设计解决手段。本章仅着重于解释设计价值的关系，故不展开讨论本书后半部分的解决问题内容。

五、设计艺术学研究中的不同范式及其应用

设计艺术学研究中的不同范式及其应用，指的是对同一种设计现象通常会有多种解释方式。范式构成了这些不同解释或理论的基础，为我们提供了指导观察和理解的模型或框架。范式会影响我们对设计现象的理解，每一种范式都为关注人类的设计创造提供了不同的视角，并且有着各自的假定。在应用过程中，每种范式都会引发不同的理论，并能激发出不同类型的研究。即使是同一把椅子，也可以根据不同的范式进行不同的解读和研究。例如，农先文在研究椅子的艺术时，从物质的角度来看，椅子被赋予了深厚的人文思想（农先文，2018）；从人的主动性来看，椅子是人类表达艺术、科学思想、审美品位、经济能力、社会地位及性格特点的重要媒介（载体或承受者），同时也是科学研究中具有关注价值的对象，常被视为揭示人类行为与文化机制的典型材料之一，并且是人类艺术和哲学思想的物化结果。上述关于椅子在艺术研究中所体现出的多重意义，主要可归纳为两个方面：椅子中的艺术性与艺术中的椅子。在探讨椅子中的艺术性问题时，他首先从近现代以前（公元前 33 世纪至 20 世纪初）的椅子设计史中观察椅子设计的艺术性，总结出三个要点：①动物的象征；②植物的象征；③椅子中的宗教艺术。接着，他根据 20 世纪初至 21 世纪初的椅子设计史，分析椅子设计中的艺术性问题。其次，谈论艺术中的椅子问题，即椅子在艺术作品中的应用。椅子的设计是一门艺术，椅子的本体也可以成为艺术作品的

组成元素；当椅子出现在艺术作品中，经过艺术家的特殊处理后，已经成为一种具有独特语言的媒介，能够表达特定的含义。这一部分是从叙事学的角度展开研究。由于椅子具有特殊的艺术语言，不少艺术家将椅子融入他们的艺术作品中。例如，1888 年，荷兰画家在法国南部城市阿尔勒（Arles）创作了两幅以椅子为主体的油画，分别是《梵高的椅子》和《高更的椅子》。艺术家将椅子置于画面的中心并作为作品的主要媒介，使椅子成为作品的“主要人物”。观众在欣赏作品时，会主动进行思考。

六、理论方法的可检验性

理论方法的可检验性也是对上述内容进行总结的过程。一种理论必须经得起经验和实际事物的检验，既要符合该事物的逻辑，也要能在其他同类事物中通用并提供解释。在设计研究中，不同的研究者持有各自不同的观点，形成了许多解决研究设计问题的不同方法，但在设计艺术学研究中，尚未建立一套有效的研究方法。一般而言，可以借鉴自然科学的研究方法，即实证主义方法论；也可以借鉴社会科学的研究方法，即人文主义方法论。设计的实证主义方法论强调学习自然科学研究的方法，对设计世界中的现象及其相互联系进行类似自然科学的探讨。这种方法如同医学研究，进行具体且客观的观察，并通过反复比对、深入分析和归纳概括，得出准确的认识和结论。在这样的研究方法中，计量定量研究是最为有效且典型的特征。设计的人文主义方法论则强调，在研究人工物和人类的设计行为时，必须充分考虑人工物与自然物的区别，重视人的创造性，以及设计作为人类本质特征之一的地位。这意味着要突出人的作用，包括研究者在研究过程中的角色。在研究方式上，定性研究较具人文主义方法论的特征。

在实际的研究过程中，研究问题往往是复杂的，不同的研究者基于各自的角度切入研究，提出观点，从而形成多种不同的设计问题研究方法。此外，为了解决复杂问题，设计艺术学的研究者通常会综合各种研究方法，而不仅仅选择一种方法。在他们的研究过程中，从资料文献的收集、选取、分析、判断、解释，到性质判断、假设推论及形成结果的整个过程，都是在方法论的指导下进行的。一方面，每位研究者都必然会受到历史环境的影响和制约，并因文化差异和知识结构的不同而难以对某些优秀且超越历史的设计现象做出准确的评价。另一方面，设计艺术学的研究往往需要研究者确定设计史实，正本清源，纠正谬误，考证并阐述设计背后的意义。然而，繁复且枯燥的理论往往难以让设计师或公众理解。人们宁愿直接接触产品，也不愿通过阅读去把握设计的意义，这导致了对理论研究的轻视，降低了研究的作用，并在一定程度上制约了研究的发展。

七、关于设计艺术学研究方法

研究是人类为了在知识上追求更广泛且深入的理解，或有计划地解决各种问题的活动（管幸生等，2011），是推动人类进步的重要方法。设计与研究本身具有重要的共通点，即科学思维。科学思维是一种以系统的方法针对某件事进行实证和探究的过程。科学的范畴广泛，包括自然科学（如物理学、化学等）、工程科学及社会科学（如心理学、人类学等）。一般认为，设计学研究多属于社会科学范畴，因为研究主题通常关注社会中的问题或使用者的行为等。然而，随着近年来健康、环保、科技等议题的兴起，设计学研究也不再局限于社会学科，逐渐在自然科学、工程科学等其他领域探索新的知识。

设计艺术是一门刚建立的新兴学科，在学科架构尚不完善的情况下，我们应当借鉴其他学科已行之有效的方法，尽可能准确地观察、分析和解决各类问题。一般来说，设计艺术学研究的具体方式可归纳为量化与质性研究（但并非单纯的二分法）。定性研究和定量研究代表着两种不同的发现方法，前者被认为是人文主义的，后者则被认为是科学主义的。这两种方法在社会学、教育学、建筑学等许多学科中都取得了显著成就。根据质性或量化的研究特点，我们可以归纳出设计艺术领域的常用研究方法，包括但不限于：历史研究法、田野调查法、扎根理论、亲和图法（KJ 法）、实验法、结构观察法以及调查法。量化研究重视事物的普遍性，趋近于自然科学的研究方法。例如，大部分家庭的客厅中都会摆放设计师单椅，这是基于大量调查数据得出的结论，解释一个“整体”的趋势或现象。然而，这样的调查结果并不代表每个家庭的客厅必然都有设计师单椅，而且结论也无法解释这种现象的原因。因此，我们需要从社会的角度去理解它。如果量化研究是寻找一个“现象”，那么质性研究则是从人的角度去思考其发生的原因，例如，我们在客厅中摆放设计师单椅可能是基于身份的彰显、生活品位的提升，或是基于欣赏的角度等，这些都不是单纯的数字所能呈现的。定性研究与定量研究是我们在设计学研究过程中可以采取的两条途径，能够发挥各自不同的作用，展现出两种不同的效果。从以上例子中可以看出，单一的视角或研究方法难以全面理解事情的全貌。我们必须透过不同方法的运用，并运用多种视角去探讨这个社会，这也是我们作为设计者和设计研究者必须达到的视野与见识。

设计艺术学基于理论和基于实践的研究过程

20 世纪上半叶，现代装饰艺术运动的创始人之一约瑟夫·霍夫曼（Josef Hofmann）设计的 267 号摇椅（Rocking Chair No.267）（见图 1.1）成为现代主义家具设计的典范。这把摇椅不仅可以坐，还可以躺，并且其多角度调节的功能设计满足了生活中不同体态的坐卧需求。设计艺术学研究是一项系统性、科学性且具有一定标准的研究活动，其过程遵循相对固定的程序。一般来说，设计艺术学的研究过程可分为八个阶段：①发现并界定研究题目；②进行文献探讨；③建立理论架构及研究假设；④进行研究设计；⑤选择研究方法；⑥进行资料搜集；⑦进行资料分析；⑧撰写研究结论与建议。这是设计艺术学研究的一般流程。根据研究性质，又可分为理论研究和实践研究，两者因目的不同而存在差异，并且在联系具体问题时，这种差异会更加明显。接下来，研究者将从经典理论研究和跨领域的设计方法论出发，以椅子为例，论述经典研究范例与方法。

图 1.1　267 号摇椅

一、基于理论的研究过程——以椅子为例

（1）设计评价研究方法。大连理工大学学者以设计评价研究方法为视角（Fu Lei, et al，2024），提出了一种改进的评估和设计方法，该方法将博弈论（GT）与基于 KE 的粒子群优化支持矢量回归（PSO-SVR）相结合。这种方法旨在识别真正关键的情感需求，并将其准确地转化为设计特征。首先，收集情感需求，并对产品形式进行分析和解构。接下来，将球形模糊分析层次过程（SFAHP）和通过标准间相关性的标准重要性（CRITIC）分别用于计算情感需求的主观和客观权重。然后，GT 用于找到最佳平衡权重，以选择关键的情绪需求。最后，使用 PSO 和 SVR 的组合构建一个智能评估系统，以确定关键用户情感需求和产品设计特征之间的关系，从而确定明式家具椅的最佳设计与评价参数。这项研究更好地平衡了设计师的主观体验和用户的客观信息，提高了产品设计决策的准确性，并帮助设计师开发与用户要求密切一致的创新产品。

（2）考现学研究方法。日本学者今和次郎以考现学的内涵作为研究视角（谢振东、杨一丁，2020），对广州文明路的街道景观进行分析，并以街道上人与“椅子”的交互行为作为研究线索。在“采集—分类—总结”的过程中，他提出了“椅子”场所的概念及其构成，旨在探索当地人在街道中的空间实践与场所认同，同时揭示街道中的矛盾问题。最后，他提出了“街道共生”的设计策略，以提高街道的质量与包容性，并为街道改造设计提供了一种新的研究与设计可能性。（谢振东、杨一丁，2020）（见图 1.2、图 1.3）

（3）空间角度的研究方法。美国人弗兰克·劳埃德·赖特（Frank Lloyd Wright）是一位对空间设计方法做出重大贡献的设计师。赖特以建筑设计为主，他不从市面上购买现成的家具，而是亲自动手制作，对房子里的每一件家具都亲自设计，然后再由工匠来完成。赖特一直致力于对空间的研究，并创造了一系列革命性的座椅。（农先文，2020）例如，1904 年，他为达尔文·D. 马丁家设计了 50 套家具，而圆筒椅（见图 1.4）则是赖特最成功的作品，这款椅子诞生于他 1900—1910 年间的“草原式”建筑酝酿阶段。此后，这种座椅还被用于赖特设计的其他建筑，如塔里埃森（1911）以及 1937 年的“展翼住宅”。（农先文，2020）此外，自 20 世纪初期以来，赖特就开始对各种高背餐桌椅进行设计，这类型的餐椅在空间的设计方面也具有相当的说服力。赖特是这一理论的奠基人，他将《老子》的空间理念与这一理论相融合，并将其融入室内设计中，从而创造出一种革命性的座椅。赖特的建筑与室内家具形成了一个有机的整体。

（4）美学研究方法。汉斯·瓦格纳（Hans Wegner）早年热衷于研究中国古典家具，特别是明清时期的坐具。图 1.5 所展示的椅子的创作灵感来自一个丹麦商人，他坐在一张明式椅子上，希望用最少的材料制造一把带弧度的椅子，同时以温和简洁的表现手法，将丹麦的工艺与自己的设计思想精华融合在一起。从审美的角度来看，在材质上，木质特有的色彩、质地和质感能够让人感到亲切和温馨，坐垫采用藤编工艺，使人在身心两方面都感到舒适；在耐用性和舒适度上，座椅的扶手和椅背采用指接榫连接，完美而精确地结合在一起，各关节处均采用榫头连接，以确保用户的长期使用。

图 1.2　北京路的仿古建筑

图 1.3　广州街景的椅子

图 1.4　圆筒椅、马丁住宅客厅里的圆筒椅

图 1.5　The Chair

在造型方面，椅子的每个角落都进行了圆角处理，以曲线作为平面的过渡，腿部的线条变化带来一种温暖的感觉。整体简约的外形体现了丹麦设计中独特的人文氛围，既突出了民族特色，又契合了明式圈椅所蕴含的“天人合一”的哲理。从形态上看，这件作品

以曲线为主，给人一种亲切的感觉，线条柔和，细部精致，造型朴实。就功能而言，这款座椅原本是专为腰痛人士设计的，弧形的椅背恰好能支撑使用者的腰部。正因如此，它被誉为“世上最漂亮的椅子”，并成为全世界最受欢迎的椅子之一。（吴源桦、金薇薇，2022）尽管汉斯·瓦格纳在设计时会借鉴其他国家的设计风格，但他的设计更注重将丹麦当地文化与外国文化元素融合在一起，并加以精练和简化。特别是他所设计的“中国座椅”，对榫卯技术进行了传承和改进，形成了具有独特地方特色的座椅。

（5）民族志研究方法。随着国家一体化进程的推进，辽朝的坐具呈现出“南北融合”和逐步汉化的趋势，延续了“一椅两制”的设计思想。这一交融集中表现在辽早、中、晚三个时期，但大体而言，是在以契丹形制为主体的座椅上加入了汉族的风格，而在汉族形制的坐具上，也会出现契丹式的装饰。（曾分良，2021）骑马榫（见图 1.6）是中国木构建筑普遍采用的一种榫头，分为“十”字形和“丁”字形两大类。然而，在家具的座椅结构设计方面，在辽代家具中发现了在椅架前部的左右两个端部采用十字形的骑马榫结构，并且在辽早、中、晚三个时期都发现了。它们在保持整体结构特点的同时，各有不同之处。（见图 1.7 ~ 图 1.10）辽代座椅图案的形成与发展，是中国古典家具发展史上的一个重要组成部分，具有鲜明的时代价值与民族特点。

（6）符号学研究方法。椅子是一种既具实用功能又具装饰作用的家具。不同国家的形态符号在运用时，往往会发生“被本土化”或“混搭”的情况，并由此催生出新的形态。通过对中国圈椅形态演变的考查，可以发现在不同的文化环境中符号混合的途径以及在新物质技术推动下新形态的涌现。设计师借助象征设计这一媒介，在跨文化品味的背景下，探讨座椅的“质”与“量”的升级，从而为使用者带来更加丰富的美学感受。（张煜，2017）

被重构的椅子形式中的符号细节与艺术品位——汉斯·瓦格纳于 1943 年设计出了一把具有东方韵味的“中国椅”（见图 1.11），反映出设计师对原型的消化过程。中国圈椅的椅背形状通常是半圆的，而汉斯的圈椅从椅背到扶手都是横向的，且与胳膊的接触面也是平的。椅背的衔接更加平滑，细致的设计让使用者感受到更多的舒适感。中国传统的明代椅子一般使用象牙、罗锅枨或矮凳来加强和装饰，但汉斯的椅子则用装饰框将底座连接，省去了底座，只在底座上刻上了一些浅浮雕，以保持东方风格。

椅子原型符号的当代性与国际化——符号的当代性典型特征之一在于它能不断适应产业、技术以及生活方式的发展，进而触发生成多样的品位。法国著名设计大师飞利浦·斯达克设计的聚碳酸酯圈椅（见图 1.12）的形态符号彻底进入了全新的现代时尚浪漫的语境，实现了令人惊叹的效果。科技为造型注入了鲜活的生命，赋予了象征新的含义，带给使用者梦幻般的遐想与感受，同时折射出现代城市的生活。前卫、激进的设计者们在保持象征特性的同时，也不断演化、刺激和改变象征所承载的内涵与形态。

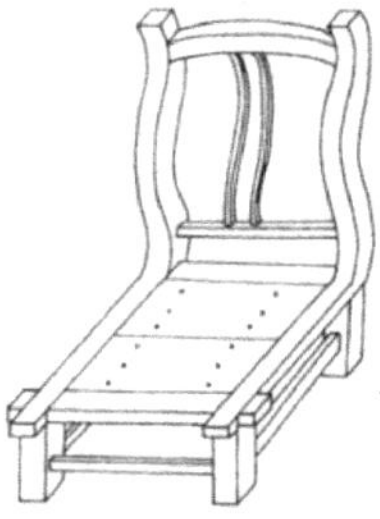

图 1.6 辽宁朝阳沟门子辽墓出土的木椅

图 1.7 内蒙古翁牛特旗广德公辽墓中的椅子

图 1.8 内蒙古林西县毡铺乡哈什吐村辽墓中的木椅

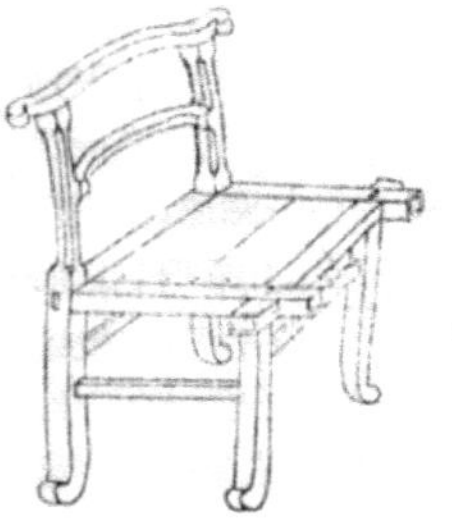

图 1.9 内蒙古赤峰市喀喇沁旗娄子店乡上烧锅辽墓中的木椅

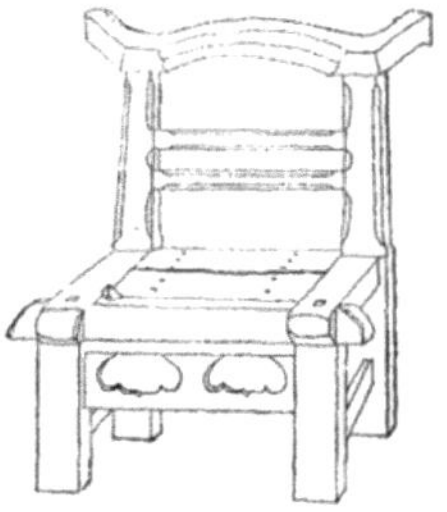

图 1.10 内蒙古赤峰市翁牛特旗解放营子辽墓出土的木椅

图 1.11 中国椅

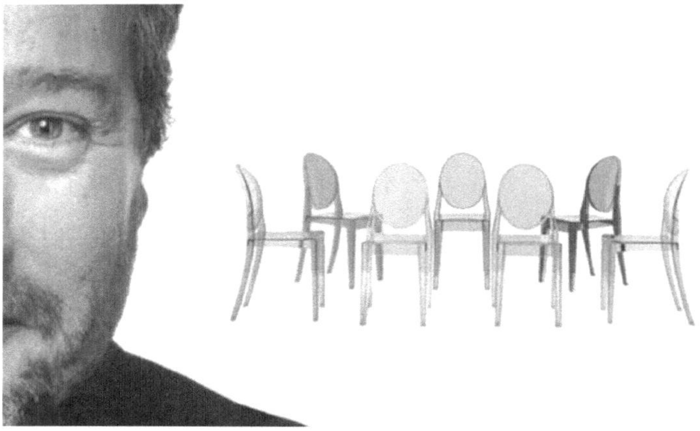

图 1.12 飞利浦 · 斯达克设计的聚碳酸酯圈椅

整体论视野下设计人类学研究方法。本书拟以“椅子”为研究对象，采用文献法和个案法，从概念、自然、整体、比较、时间、生物—文化、社会结构、阐述性、反思等多个层面，对设计人类学的研究范式进行梳理。整体主义作为一种人类思考方法，被广泛运用于设计实践之中。然而，整体主义的各个维度并非独立存在于设计者的头脑之中，其研究对象的类型与使用场景也十分丰富。因此，为了更好地开展设计，设计师必须从多个方面探索使用状况和环境（山娜，2022）：①在产品定义层面的突破与创新。设计人类学家的特点是从研究对象文化的角度去思考用户的所做所想，而非自身的角度。设计师托马斯·赫斯维克（Thomas Heatherwick）打破了这一刻板印象，在2010年设计出一款旋转椅（见图1.13），这款旋转椅不仅能满足用户坐下的需求，还能达到心理放松的效果；②自然性问题：拓展田野调查的概念和方式；③整体性问题：把握文化、社会、经济背景下的设计创新；④比较性问题：对文化、产品、服务等多层面的相对性研究及竞品分析；⑤时间性问题：考虑可持续性设计的历时性和共时性。Cybex Lemo椅（见图1.14）提供了一套成长座椅的解决方案。设计师对人体成长过程的需求进行了研究，设计出一款灵活、耐用且可满足多个年龄段人士需求的椅子，并考虑人体成长特性，通过零部件微调即可满足不同年龄段的需求，顺应从现在到未来在时间维度上的变化，实现从躺椅到餐椅再到普通座椅的转变；⑥生物—文化性问题：体质人类学的演进与设计应用；⑦社会—结构性问题：用户细分以满足少数群体的需求。（山娜，2022）

图1.13　旋转椅

图1.14　Cybex Lemo椅

二、基于实践的研究过程

（1）设计人类学研究方法。设计人类学是一门人类学和设计学交叉的学科，它从设计的角度出发，把人类学理论应用于设计艺术，尝试把“设计物”和人类学相结合，把设计者的关注点放在使用者的焦点上，然后突出设计者对主、客两个视角的互相渗透和融合，最终把“当前”的人类学含义和设计学的“不断创新”这两个概念联系在一起。（杜营，2019）

中国艺术研究院的杜营学者以不对称均衡设计下的“因形定型”与“舒适主义”为主要研究对象，剖析萨科椅设计者从大胆构思走向实用、突破传统形式的历程（见图1.15）。本课题以设计人类学为基础，以萨科椅问世的时代背景与设计灵感为切入点，运用多学科交叉的方法，对其进行剖析。本书以萨科椅为例，对中国现代家具设计发展的趋势进行了探讨，并探讨了家具设计中设计人类学的现实意义。

（2）模数关系研究方法（现代人体工学范畴）。模数是属于器物功能方面的概念，属于现代人体工程学的研究范畴，是一个符合人体尺度且具有和谐比例关系的尺度控制工具。模数以人体尺度和人的感知能力为准，符合现代人体工程学的标准，秉持以人为本、符合自然要求的设计理念，强调合适的功能性和人体的舒适性。（王晖，2003）在其他设计中，这种符合自然、以人为本的设计理念同样能带来良好的审美体验。①明式椅子的模数分析，如图 1.16、1.17 所示，明式扶手椅的种类大致有四出头官帽椅、南官帽椅、玫瑰椅和圈椅等。除了扶手椅外，还有简洁的靠背椅和方便携带的交椅。本书以几种典型的明式椅子的高度、深度和倾角为例，采用“模数”的方法分析明式椅子中的结构关系。希望通过对明式椅子结构和尺度的分析，发现明式椅子的“模数”与“元素”之间的关系，并对明式椅子的结构美学进行论述，使“模数”与“元素”之间产生对应关系，从而引发对中国家具设计以及现代各类家具设计的美学思考。（颜朝辉，2020）（李静等，2024）②明式椅子的结构美，从人机工程的角度来看，座椅应该是一个微弧形的曲面，过大的弧度会让人感到不舒服。坐垫的材质选用半软略硬的材质为佳，这不仅有助于肌肉的放松，还能使坐姿更为轻松。明式椅子的靠背一般都是笔直的，但为了使靠背的曲度更佳、更舒适，大多数明式椅子配有一个藤笼和一个棕色的抽屉。（杨希博、赵项，2024）明代的圈椅中，座椅有软屉和硬屉两种。软屉是用藤、棕、丝等编织而成的，质地细腻，透气性好。座椅的表面在受到压力后，会随着身体的弯曲而向下凹陷，给人一种非常舒适的感觉。从以上分析数据可以看出，明式家具的高度和深度在合理范围内都是符合人体工程学的标准的，并且符合模数的尺度要求。

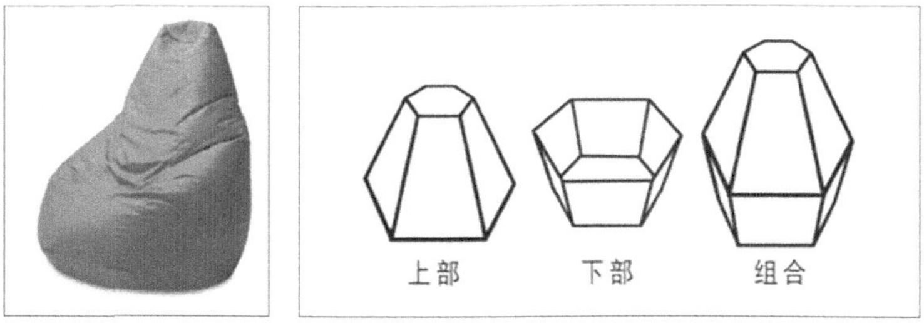

图 1.15　萨科椅

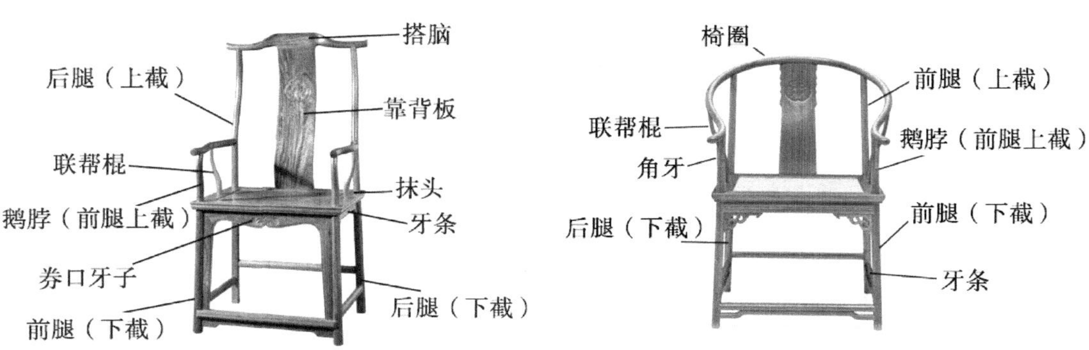

图 1.16　四出头官帽椅、圈椅

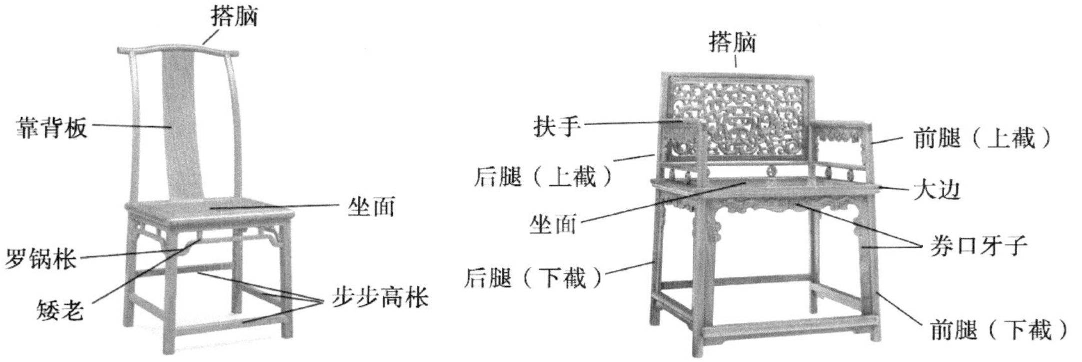

图 1.17 靠背椅、玫瑰椅

（3）AHP-GUCDR 模型的铜鼓元素家具座椅设计研究。人们为了探索将铜鼓文化运用到当代家具设计中，提高其文化底蕴和艺术审美价值，以现代家具的形式再现、传承和发扬铜鼓文化。（刘玲玲等，2023）该研究通过分析家具设计和铜鼓文化的现状，找出二者之间的联系，并以当代家具和椅子作为主体，采用层次分析法（AHP）收集家具使用者的需求等信息，并与 GUCDR（目标、用户、条件、设计和实现）设计模式相结合，完成了一个实例的推演（见图 1.18）。以此为基础，铜鼓文化的保护和创新，对提高家具的文化和审美价值具有重要意义。①研究思路，以家具 + 铜鼓文化的研究方法为例。在家具设计中，对目标使用者进行调查，找出设计需求。通过层次分析法，得到了使用者最感兴趣的需求，然后用 GUCDR（目标、用户、条件、设计和实现）设计模式中的画笔工具对设计点进行简化，最终得出设计策略和设计方案。在此基础上，以 AHP-GUCDR 模式为基础，对家具和椅子进行了详细的设计。②模型构成，根据 GUCDR 模型的设计过程，我们必须根据实际情况来解答画布上的问题，但画布上的信息并不是完全已知的。本书所述的一些不可知资料，例如对使用者的吸引力等，都需要通过其他途径来寻求解答。运用层次分析的方法来解决模型中有关使用者的信息问题，协助研究人员了解 GUCDR 模式中有关使用者的信息，并利用资料进行加权分析。将 AHP 模型与 AHP-GUCDR 模型相结合，可以更加合理地进行设计。③建立需求层次模型，通过实例研究，将 AHP 方法与 GUCDR 设计模式相结合，实现了将铜鼓文化元素融入现代家具和椅子的设计中。研究者选择了 100 名熟悉中国南方地区及铜鼓文化的家具使用者、产品设计师和专家。通过在线访谈方式进行了调查，发现用户对于家具产品的购买需求可以分为四大类，即功能、材料、色彩和造型。我们将融入铜鼓文化元素的现代家具座椅产品设计定为目标层 A；准则层 B 包括四个方面，即功能（B_1）、材质（B_2）、色彩（B_3）、造型（B_4）；行为层 C 共 12 个，分别是实用性（C_1）、舒适性（C_2）、美观性（C_3）、木质（C_4）、金属（C_5）、玻璃（C_6）、暖色系（C_7）、冷色系（C_8）、中性色（C_9）、简约（C_{10}）、复古（C_{11}）与华丽（C_{12}）。

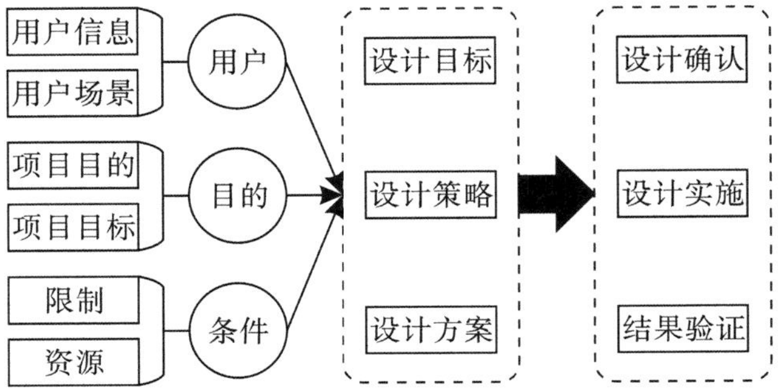

图 1.18　GUCDR 模型设计流程

层次分析法需确定符合一致性要求的判断矩阵。假设某个集合 a 由 n 个大于 0 的部分构成：a_1，a_2，…，a_n，用 a_{ij}（$1 \leqslant i \leqslant n$，$1 \leqslant j \leqslant n$）表示第 i 个元素相对于整体而言比第 j 个元素重要的程度。由此，得出判断矩阵 $\boldsymbol{A}$，且 $\boldsymbol{A}$ 有唯一且非零特征值，$\boldsymbol{A}$ 的任一列（行）都是特征根 n 对照的特征矢量，即各部分的权重矢量。所求特征矢量 w 经归一化，即为各评价因素的重要性排序。得出各个要素的权重指数后，需进行一致性检验计算判断其数值是否合理，其检验的公式如下：

$$CI = \frac{\lambda - n}{n-1} \tag{1}$$

$$CR = \frac{CI}{RI} \tag{2}$$

其中，CI 为一致性指标，CR 为一致性比率，RI 为随机一致性指标，n 为判断矩阵阶数。

设计策略：将铜鼓元素进行提取变形并设计出座椅草图，具体变化过程如图 1.19 所示。将重构后的铜鼓元素应用于座椅设计，进行设计方案实践，运用 Rhino 软件建模与 Keyshot 渲染软件，完成最终设计方案的表达。以铜鼓纹饰作为装饰，丰富了产品的文化内涵，提高了使用者的艺术审美视野。圆形的外观也使家具显得更加亲切，而整体的设计风格则更加简单，更加适合大部分现代家具使用者的审美观。椅子的高度刚刚好，椅背像是鸟儿的脖子，让椅子看起来更加灵活，也更加适合倚靠。

图 1.19　铜鼓鸟塑像变形过程

未来展望

如同前文所述，由于设计学的发展历史较短，许多研究方法均来自不同的传统学科。在未来的发展中，设计学除了巩固自身的研究基础，还应该与不同学科进行交叉融合，以获取更全面的研究分析方法。设计者或设计研究者不应仅聚焦于单一的研究领域，也应当向其他学科学习并综合分析。本书将在后面的章节继续以椅子为载体，探索设计学与其他学科跨领域研究的可能性。

第二章

椅子与史学研究

史学研究的意义

历史是所有学科的研究者必须了解的重要知识，它是人类认识自我以及超越自我的重要方法。所有的知识领域都离不开历史，例如，学习艺术的人必须了解艺术史，学习建筑的人必须了解建筑史，学习设计的人必须学习设计史。李立新曾经说过："不懂设计历史的人，在设计上必定寸步难行。"这说明了历史在设计领域具有举足轻重的地位。（李立新，2010）

历史学（或称史学，英文为 Historiography）是一种研究人类社会一切的科学，但需要注意的是，科学并不是一门学科，它正确的定义为：以系统性的实证研究方法所获得的一种有系统、有组织的知识。（管幸生等，2011）历史学的研究须尽量贴近最真实的情况，只有真实了解事情如何发生（How）、何时发生（When）、怎样发生（How），才能真实反映事情的因果关系。虽然我们改变不了历史的发展，但过去的历史却与我们的当下以及未来有着莫大的因果关系，设计亦然。设计史的研究着重于设计的起源，以及其发展的逻辑，如椅子的起源、设计风格演变的过程及其文化背景。

李红岩曾经提出历史学应包括两个不同的层次，即历史Ⅰ和历史Ⅱ（2017）。前者较趋近真实科学，而后者则是对前者的诠释哲学。历史性研究法则是我们追求这些真理的桥梁，帮助我们从历史中找到真理，找到因果关系（见图 2.1）。历史性研究法包括但不限于历史研究法、个案分析法、比较分析法等，我们会在后面的章节中详细探讨。

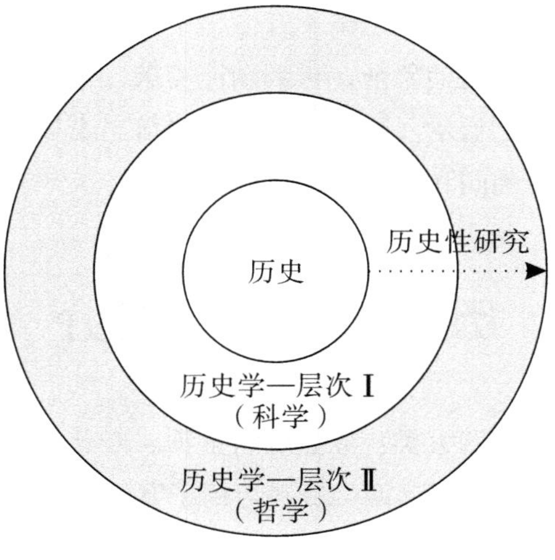

图 2.1　历史学层次与历史学研究方法

从史学研究视角看椅子设计

椅子，是我们“坐下来”时的一个重要载体。要了解椅子的历史，就必须追溯到“坐”的起源，探讨为何会坐、何时会坐以及怎样去坐。若以这种思路延伸，我们必须了解当时人们与社会发展的关联，以及气候环境的影响。

有些人认为位于苏格兰一个名为 Skara Brae 的新石器时代村庄中的家具是目前发现最早的家具，这些用石头制作的座椅显示出人类渴望将自己抬高到地面以上的迹象（约公元前 3200 年）。在全球范围内，学者普遍认为古埃及是第一个使用椅子的国家。由于埃及炎热且雨量稀少，架高式的坐具形式较符合他们的需求，因此气候条件成为椅子形式的“因”，而椅子形式则反过来成为其“果”。

从历史的角度来看，椅子见证了人类文明的发展。它的诞生最初基于生理需求，让人们能在劳动的过程中或之后进行休息，这是最基本的需求。直到 18 世纪前，椅子一直是权力和地位的象征，这一点可以从英文中领导或董事被称为 Chairman 或 Chairwoman 看出。随着 19 世纪末工业革命的到来，劳动市场发生变化，更多的工作变成了坐着进行，这个时期的椅子已逐渐转变为功能需求。

进入 21 世纪，陆续有不同学者提出长时间坐着的危害，并提倡符合人体工学的椅子设计，这时期更着重于健康需求，甚至发展出无椅子的“椅子”，例如一些公交车站等候处的背靠式“椅子”。

如今，人们对于“坐下来”的动作已习以为常。不论是在家中聚会、上班的交通工具、工作地点或学校，我们的生活早已离不开“坐下来”与“椅子”。纵观椅子的发展历史，从生理需求发展到权力地位的象征，再到功能需求，最后到设计的美感需求，这一发展历程都为我们带来了深刻的启示。除了帮助我们理解当下椅子设计的意义，也能为未来相关椅子的设计及研究提供预测和依据。

历史资料收集与评介

现存文献与实物证据包括四大类：原始资料证据、专著论文资料、设计文本资料以及产品实物证据。本章节将详细介绍这四类资料与椅子案例。

一、原始资料证据

历史性研究需要利用过去的资料证据，包括各类文献、档案资料、地下出土文物、民间实物与私人文献，这些文献包括日记、现场的影像记录、调查表格以及对事件的采访等。我国古代对设计的经验性总结，最早可追溯至先秦的《考工记》。自《考工记》后，还有唐代姚最的《工艺六法》，北宋李建中的《考古图》、李诫的《营造法式》、喻皓的《木经》，明代文震亨的《长物志》、谷应泰的《博物要览》、宋应星的《天工开物》等，这些都是对当时工艺进行考据与总结的成果。

而在近代设计学研究中，也出现了类似通过考现学的方法来获得一手资料并得出研究结果的方式。譬如在《从考现到设计：街道“椅子”场所的共生》（谢振东、杨一丁，2020；谢振东，2020）一文中，作者及其团队基于对考现学发展和内涵的认识，结合对街道场所的研究，以人与椅子的交互行为作为公共日常生活的线索，对广州文明路的“椅子”现象进行了“采集—分类—总结”的记录研究，最终编辑成册——《椅子上的广州》。在“采集”的部分，研究者从使用者角度出发，通过观看、采访、跟踪等调研方式，采集每一个“椅子”情境的信息，并整合成直观的信息结构，其中包括了五个信息点（见图 2.2）。

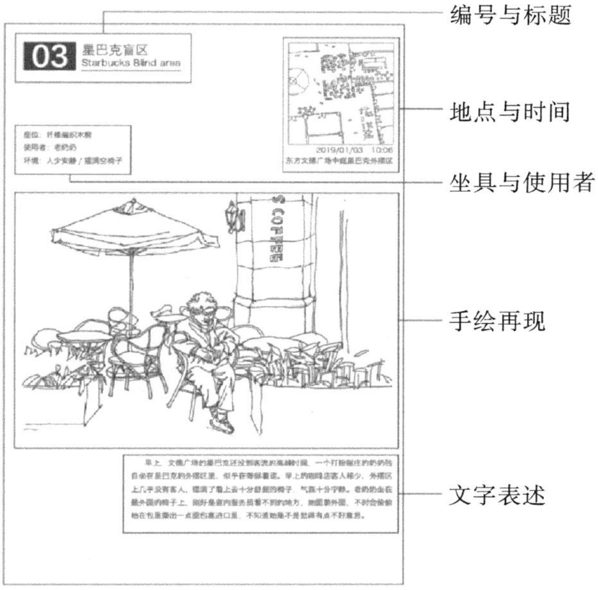

图 2.2 “椅子”的信息采集结构

（1）编号与标题：编号能便于在分析过程中作为索引查阅；标题则是对现象的直观印象，提炼出特征。

（2）时间与地点：通过平面图绘制等方式客观记录了时间、空间两个维度的信息。

（3）使用者与坐具：记录使用人群的类型与状态，以及坐具的权属与材料。

（4）手绘再现：通过对情景的主观再现的方式，也能表现出调研者所关注的细节。

（5）文字表述：针对使用者的采访或跟踪所得到的故事背景，并用带有感情色彩的文字进行描述。通过量化的信息采集，将对“椅子”情境的认识初步分成三个层次：场所环境、空间关系、物理环境。以上就是从街道田野调查中获得的关于椅子现象的一手资料。

二、专著论文资料

在寻找专著论文资料时，需要注意以近期出版或发表的资料为主，因为它们包含了过去一个阶段的研究成果。例如，《椅子改变中国》（澹台卓尔，2009）这本专著指出，传统的文化史研究主要集中在思想、艺术、精神、习俗等非物质因素，而将实体的物质领域留给了经济史家。然而，经济史家关注的仅仅是这些物质作为产品和商品时所具有的价值等，并未注意到它们作为某种符号和象征的特点，这也就是忽略了它们背后隐藏的文化内涵。相反，许多史学爱好者走在了前头。近几年的历史通俗化和历史文化化的趋势，基本上是由业余史家们引领的。这本专著正是其中之一，它不仅注意到椅子形制的变化，还探讨了椅子的产生与中国人坐姿、礼仪乃至精神气质之间的互动关系。从写作风格到研究外延的扩展，都与新文化史中的第一大类——物质文化史相结合。

三、设计文本资料

设计文本资料在设计学研究中指具体的设计草图、模型、方案、说明等资料。例如，佐藤大在自己的设计网站 nendo 上主动说明了方案的材质、概念以及与其他设计公司的合作关系。他表示这是与意大利家具品牌 Alias 合作设计的椅子，该品牌擅长使用铝材质来制造家具，因此设计了这款座面上聚集了四根铝制“树枝”部件的椅子。铝材是共通的构造体，上端的四种单元在形状、颜色和素材上有所变化，同时还标注了设计师与摄影师的名字。日本设计师石上纯也的出道作是一套桌椅的设计，关于这套桌椅的照片资料并不多，但手绘草图概念也是设计文本资料的一种。石上纯也对结构语言的表达同时体现在他这套桌椅的“超薄桌子”中。这款桌子的跨度达到 10 米，但厚度只有 3 毫米，当桌子放在地面之前是软绵绵的，但只要一落到地面，桌面就立刻达到完全的水平状态。为了达成这样的效果，他绘制了大量草图并保留了部分结构计算过程（见图 2.3）。

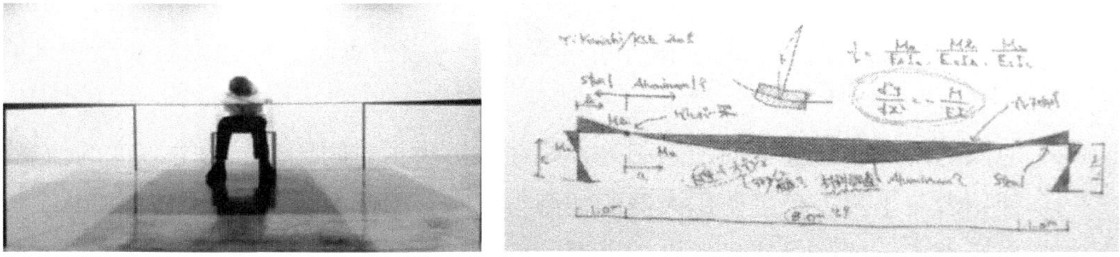

图 2.3　石上纯也关于“超薄桌子”的设计表达与构造推演资料

四、产品实物证据

在历史长河中，设计虽然更新换代迅速，但总有许多经典设计被保留并以实物形式传承，其中椅子中最具代表性的便是各类经典大师椅。例如，密斯·凡·德·罗设计的巴塞罗那椅。1929 年，密斯·凡·德·罗受邀为德国世界博览会设计场馆，但由于建筑设计理念独特，竟没有合适的家具与之搭衬，因此建筑师不得不专门设计了椅子以恭迎国王和王后，现代家居设计的经典之作——巴塞罗那椅便是在此机缘下诞生的。它由弧形交叉的不锈钢构架支撑，两块长方形皮垫组成座面（坐垫）及靠背，外形简洁美观，功能实用。（许美婷，2014）这款椅子是世界各地办公场所及前厅家具中最普遍的选择。另一个例子是马赛尔·布鲁尔设计的瓦西里椅，这把椅子是设计师为了纪念他的老师而设计的世界上第一把钢管皮革椅。新材料的使用和结构造型的突破使其成为现代设计史上的经典之作。椅子的灵感来源于自行车把手，虽然不具备木制家具的典雅与雕琢之美，但却能够采用标准化的构件进行批量生产，应用更少的材料来降低成本，真正让现代主义设计为人民大众服务。经典的设计经得起时间的考验，即使过了百年，依然能让生活在现代的我们感受到其魅力。文献考证与证据性评析的优势在于提供了丰富的资料和广泛的研究视野。然而，这种方法也有其局限性。研究者面临的挑战在于必须从一手、二手乃至多手数据中筛选和辨别信息。一手数据的真实性需要仔细验证，而某些历史数据可能因时间流逝而变得模糊或遗失。研究者必须精通从文献中提取关键信息，确保所获得的证据是可信的。此外，资料证据往往带有记录者的主观色彩，包括其价值观、兴趣和偏见，这可能影响信息的选择和解读。因此，研究者在进行文献考证与证据性评析时，需要具备辨识和超越这些主观因素的能力，以确保研究的客观性和深度。

记忆性与推论性证据

在历史学的研究范畴内，记忆性证据和推论性证据通常源自对那些掌握特殊技能但可能不识字的人群的采访，以获取第一手资料。口述记忆是记忆性证据的典型形式，例如云南女书这样的文化单传遗产便是一个代表性的例证。然而，记忆性证据的准确性往往受限于叙述者的可靠性，且通常需要多位口述者的证词来共同验证某一事实的真实性。

在设计学与历史学交叉的研究领域中，记忆性证据主要体现为设计者的口头陈述。例如，前文提到的石上纯也设计的桌椅，对其文本描述并不多，大家了解他的设计理念全靠作者本人自述：“不仅仅要达到薄，轻也是非常重要的。稍触摸一下桌子，台面就会出现波纹，让人感觉像是水的表面。这个桌子陈列在展览空间里，因此我认为它不需要像饭店餐桌那样的用餐、切菜或搁置手臂的功能，这些功能对这张桌子而言是多余的。用漂浮在水面上的茶具喝茶——这样一种轻灵，我认为也是好的。感觉的相互重叠最终在现实世界中会诞生一种新的质感。我对缓慢的速度这件事非常感兴趣。所谓‘缓慢的速度’，我认为是与汽车、飞机之类的物体处于完全不同的空间维度上。我意识到有这样一种空间，同时可以捕捉不动和动的变化，比如季节的更替，以及某种东西在一天中的逐渐变化。这样一种‘缓慢的速度’，我认为与建筑有着很大的关系。因此，如果桌子以很快的速度摇摆起伏那是绝对不行的。桌子的晃动周期必须很长，并且是以一种不易察觉的、柔软的波纹缓慢扩散到周围，甚至有人在风吹过时能感受到空间的颤动。”

推论性证据指的是一种设计形式或一个设计品被认为可能与另一种设计形式或物品有关，或者与另一类事物有联系，但清晰的、确实的联系又一时无法证实时进行的推理。推论性证据可以帮助人们做出符合事物内在逻辑联系的判断。例如：根据一个器具的结构与形式特征，判断它可能是一把椅子，并具有供人就座的功能。

这些年出土的跪坐俑（见图 2.4），在精美绝伦之余，也向我们展示了这样一 种坐姿：人们席地而坐，两膝着地，脚背朝下，臀部落在脚后跟上，与跪相似，但不同之处也很明显：跪时臀部须离开脚后跟。这就是跪坐，是北宋以前中国的正统坐姿，不论你是君主还是贵族，官员还是百姓，在正式场合必须跪坐，否则就是失礼。中国早期为什么会出现这种坐姿呢？我们进行推测：坐姿是由坐具决定的，那时还没有椅子，人们最主要的坐具是筵和席。对于这一因果观点的验证，可以采用《诗经》中记载的“肆筵设席”的说法。筵和席是用竹篾、苇草等编织的方片物，区别在于筵长席短，筵粗糙一些，席精细一些，称着地铺设者为筵，铺在筵上者为席。说白了，与我们现在的席子并无太大的区别。

通过这些历史性的实物证据，可以推导出跪坐的历史可以追溯到中华文明兴起的时代：距今四五千年前的三星堆遗址出土的跪坐人像、商代妇好墓中出土的圆雕跪坐玉人，都已清晰地展示了跪坐的姿态（见图 2.4）。应当说，这些坐具还保留着浓厚的原始社会遗风。原始社会的人们居住在山洞中。这两种坐具的一大特点就是高度基本与地面持平，不能使腿脚自然垂下，人们只能采取蜷缩腿脚或伸展腿脚的坐姿，其中就包括跪坐。这就是文献与实物对跪坐这个动作的双重验证。

（a）汉彩绘女跪坐俑　　（b）圆雕跪坐玉人

图 2.4　跪坐俑

多重证据与设计史评介

设计事件的证据融合与评析，即文献与实物的双重验证，属于考古学的范畴。设计的事件与事实都是历史现象，对于设计的历史性研究，不仅应该与所发生的事件相一致，还必须符合事实，处在与实际事实的内在逻辑联系之中。（余顺明，2022）这一设计史的探究超越了文献与实物的简单对照，它要求我们从多重角度审视历史，融合考古学的严谨验证与口述历史的生动见证。在设计史的研究中，融合多元证据是解析设计理念的关键。这种方法借鉴了考古学中的多重证据验证，要求文献记录与实物证据相结合，以确保对设计事件的准确识别和评估。而那些口述的记忆和话语推论也能帮助我们认识一个真实的过去。因此，设计的历史性研究不仅要与具体事件相符，还要与事实和内在逻辑相一致。单一证据往往不足以支撑这种深度的分析，对一个历史事件的研究是否接近真实，决定于研究中不同角度的多重证据的运用。

多重证据的方法实际上就是多角度地考察历史，拓宽设计史的视野。一部适当的设计史首先需要避免与历史王朝的更迭同步，因为事实证明，设计的发展并不与某个皇帝的生与死有关。椅子在每个时间段的作用及设计历史离不开政治、制度、文化和经济，但设计史重视的是贯通的历史，文化与经济在其中所起的作用更为重要。多种维度的分析方法促使我们认识到，设计的发展并非简单跟随王朝的兴衰，而是在更广阔的文化与经济背景下逐渐成熟。设计品类的演变记录了人类行为和思想的微妙变化，这些变化在设计的细节中留下了理解过去的密码。通过这种方法，我们能构建一个更加真实、立体的设计史观，它不局限于传统的历史分期，而是关注设计的内在逻辑和跨时代的影响。

设计史学的研究流程

《清明上河图》是北宋著名画师张择端创作的一幅具有传奇色彩的风俗画，对后人有着深刻的影响。张择端对汴京市民的各种生活场景进行了细致的描绘，其中清明祭水是一种民俗，类似于现在的节庆聚会，人们借此从事商业活动。（庞欣，2020）从这幅画中，我们可以看到，画中的家具可以说是宋朝家具的精华，对于研究宋朝的历史有很大的帮助，因此，它也可以用来研究宋朝的家具。（郭伟，2017）杌凳指的是不带靠背的坐具，例如，在《清明上河图》中的杌凳，分别位于虹桥西侧河岸上方的店铺门口和逮捕衙门对面的建筑中。（郭伟，2017）长凳又称条凳，是《清明上河图》中最为常见的一种坐具。图中描绘的宋代百姓生活场景中，最普遍的是两条长凳搭配一张桌案形成的一种组合式摆放形式。从图 2.5（a）上可以看出，河边的一家修车铺有两位匠人在修理轮子，一位匠人敲着木制的轮子，旁边一位匠人在打磨轮子，木匠用棍子的一端顶住凳子的一端，这样凳子便成了匠人们工作的临时工作台。由此可见，长凳在宋朝的生活中非常常见。（郭伟，2017）时至今日，长凳仍然是全国各地餐馆和家庭生活中最常见的一种坐具。

《清明上河图》里清楚写着："刘家上色沉檀楝香"的铺子里，摆着一把非常别致的双人椅子。（郭伟，2017）从造型上来看，这把椅子应该是为贵族量身定做的，显示出这家店的手艺已经相当不错。老板将自己做好的椅子摆在店门口，既是为了吸引顾客，也是为了证明这家店对自己的手艺很有信心，毕竟像这样的双人椅子，想要量产并不容易。（郭伟，2017）张择端把这么珍贵的样式记录在《清明上河图》中，更能体现出这是尤其珍贵的历史图像资料，并具有极为尊贵的地位象征。通过上述《清明上河图》中经典椅子的介绍，可以明确从历史学视角出发的研究方向大概有三个：一是研究某一特定设计物品的诞生、发展、演变及消亡的轨迹；二是针对某一特定历史时期的设计发展，寻找相关特征；三是着眼于整个历史时期的设计发展，描述、分析并总结设计历史的运行规律。（郭伟，2017）

（a）修车铺中工匠使用的长凳　（b）虹桥东侧运河北岸中段船中的靠背椅　（c）"刘家上色沉檀楝香"店铺门前的双人连椅

图 2.5　《清明上河图》中出现的椅子

再具体一些，能够引发设计研究者进行历史性研究的方法有以下五种主要类型。（张欧，2022）

一、研究设计著述、图像、物品及其相互关系

设计著述、图像和物品是设计艺术学研究中历史性问题的重要来源，许多重要的著作、图形和实物不仅记录了历史上的一些主要设计活动，也渗透着创造智慧，为当代设计提供启迪。研究者通常需要将图、物与著作文献一起考虑，互相引证，以得到较为可靠、完整的判断或结论。历史上重要的著作很多，各个时期的物质文化尚未能有完整的整理和研究，因此对此做出任何角度的研究都有一定价值，能填补这方面研究的空白。

二、研究设计家、设计机构、设计思潮及运动

对于一位设计家、一个设计机构和一场设计运动的研究，在以往的研究中比较失衡：我们对莫里斯、格罗佩斯、文丘里、德意志制造联盟、包豪斯以及现代主义设计略知一二，但对同时代的其他设计家、设计机构和设计运动却知之甚少。对于中国自己的设计家与设计机构，如庞薰荣、李有行、郑可、陈之佛及尚美图案馆等，更是了解甚少。研究者在整理这方面资料时，可能因缺失的历史记载而造成研究的偏见与失误。因此，进行这方面的相关研究可以连接不完整的资料，重构设计的历史。

三、研究设计通史、设计专史和设计史学史

我国出版较早、影响广泛的一本中国设计通史是田自秉著作的《中国工艺美术史》。有关设计断代史的研究，自汉唐至明清已有多种成果，王受之的《世界现代设计史》也可作为断代史来看。设计专史类研究成果出版最多，但仍有新课题出现。较早且有影响的著作包括沈从文的《中国古代服饰研究》、中国硅酸盐学会的《中国陶瓷史》、沈福文的《中国漆艺美术史》，以及杜廼松的《中国青铜器发展史》等。有关的课题还有很多，例如设计文化史、设计制度史、设计机构史、设计行会史、设计政策史、设计技术史、设计形式史以及设计比较史等，这些都是有待拓展的研究课题。除此之外，还可以将设计史的研究历史作为研究课题，即设计史学史作为一门完善的设计史学科，这样的研究也必不可少。

四、研究设计历史的理论、分期等问题

关于设计史的理论性，李立新教授在另一篇文章中指出："设计史不只是给过去时代的设计史实以编年顺序，而是对这些史实进行分析、总结和归纳，从而上升为理论来框定设计史现象。"不同的理论体现了对设计史现象的不同认识，因此，设计史并不只有一种写法。

五、研究设计与其他学科成果及设计活动的关系

一些设计现象隐含着多种学科的交叉。例如，日本建筑设计家黑川纪章在 1961 年构思东京都的城市规划时，受到当时最新的科学研究成果"生命体的脱氧核糖核酸"螺旋结构的启发，将新城设计成了"螺旋体城市"（见图 2.6）。再如人们对卢斯所说的"装饰是罪恶"、密斯·凡·德·罗的"少就是多"、文丘里的"少就是繁"的解释，联系到当时的历史文化背景，提出了现在的研究者所未曾关注到的一些问题，这就可以为新的研究提供基础，帮助我们深入理解这些理论。

图 2.6　螺旋体城市

基于史学研究的范例

这一部分我们讨论的问题是“历史学视角下椅子的经典化研究”。研究者通过大量的文献综述得出，历史学的研究方法有考据法、计量史学法、口述史学法、比较史学法、心理史学法和跨学科史学法六种。目前，口述史学法尚未应用于椅子研究中。

通过归纳整理设计史上众多椅子的经典研究与设计，我们得出经典的椅子设计往往具备以下三个特征。（张欧，2022）第一，独创性。即设计者为某种手法、技巧或风格的开创者。芬兰设计师阿尔瓦・阿尔托在 20 世纪初期专门研究曲木技术，他将桦木沿纹理切成薄板后涂胶对接，然后用调整角度定型的方法让木材弯曲，使之既具有金属材料一样的结构，又具有木材的温馨感，充分展现出北欧家具的独特质量，这种有曲度的椅子腿被称为“阿尔托腿”。第二，典范性。即设计作品不仅领异标新，而且能够自成一派，在设计史上产生较大的影响。能够称得上经典的作品，除了在设计手法、技巧及风格等方面有独到之处，其自身也应具有特别的设计意义。例如，格里特・里特维尔德设计的“红蓝椅”，这种设计之所以成功，是因为它是由时代精神孕育出来的作品，而不是某一位设计师偶然的奇思异想。我们把这种作品称为里程碑式作品，代表了一种设计文化现象。第三，时代性。一代有一代的经典，每一个时代都有其独特的价值观念和审美趣味，天才的设计师最能感知时代的脉搏，成为时代的代言人。随着时代的发展变化，新的经典总会应运而生，而旧的经典也将在一段时间后“退居幕后”。从这个角度来看，椅子设计经典的嬗变史，也可以说是设计文化、观念、思潮和风格的演变史。接下来，研究者将从历史学的视角，以椅子为例论述经典研究的范例与方法。

一、考据法——搜集和考证材料的方法

文献记录和实物证据毫无疑问是最为直观、客观的历史资料，包括但不限于出土实物、古典书籍，以及设计学家、历史学家和其他研究者产出的研究成果。对于古典书籍这类资料，我们可以有选择地从设计与造物思想的角度去研读与确定的研究课题相关的重要文献，从中体会传达出来的设计信息；而对于现有的研究成果，它们只能作为某个主题研究的起点，文献中的分析研究是我们进一步深入研究的基础。对于出土文物等相关实物，我们需要对其进行观察，并将观察得到的结论与现有文献进行比对，通过对比可能会得到新的发现。还有一种证据类型——记忆性证据。虽然一件工具或一本图谱可以作为观察设计活动的有力证据，但在真实情境中，很多设计实体资料不是缺失已久，就是只能提供极少的证据。对于研究者来讲，这些资料还不能彻底弄清楚所要讨论的主题。因此，历史性研究中的证据收集方式除了实物资料外，还需要收集记忆性证据。一段准确的记忆可以帮助我们重新发现过去的设计事物。

1. 文本分析法——研究古代椅子在形制上的文化特点与设计发展过程

通过大量资料的收集与整理，分析和研究中国古代椅子在形制上的文化特点与设计的发展过程，有助于我们更好地理解中国传统的设计价值观，同时把握未来中国椅子设计的方向与发展趋势。（蔡力，2021）

（1）形制发展的开端期：汉代至魏晋南北朝。

（2）形制特点与设计方向的确立时期：隋唐。

（3）大发展时期：宋代。

（4）高峰期：明清。

明朝的座椅设计取得了很大的成就，在于其受到了深厚的人文思想影响，人们可以很好地感受到中国古典的设计理念——“以人为本，融道于器，格物致知”。简约的点线面结构构成了一种赏心悦目的视觉效果和空间层次，已经实现了现代雕塑所强调的立体空间理念。事实上，在某些方面，这把椅子也是一件非常成功的雕刻作品。清朝的座椅在早期继承了明朝的图案和装饰方法，成为日常用品，并逐渐流行。到了乾隆中叶，满、汉两种文化的交融更加深入，座椅的装饰也从明代的简单大气、自然朴素，变成了富丽堂皇、繁复华丽。在原有的装饰元素基础上，又出现了神话故事、民间传说和生活场景等图案。在形制上，也从明代的清丽脱俗，转变为后来的花团锦簇。清椅的设计趋势和美学追求以装饰为主，以功能为次，出现了一些纯装饰效果的作品。在结构上，出现了一种舍弃细节的设计趋势，忽略了自身的功能和舒适，更多地将其视为空间的装饰元素来进行设计，甚至

出现了坐便器和高脚钱柜椅这样非以坐姿为目的的扩展性作品。由于工艺水平的提高及应用领域的扩展，清代座椅的品种与用途得到了进一步的改进，涌现出大量的精品，但它们的主要价值仍在于装饰与技法。

2. 案例研究法——从历史绘画作品中研究椅子的形制与特征

对《西园雅集》图中椅类家具形制进行个案研究，利用图像学和符号学等方法，全面阐释宋代家具的形象信息和社会环境，探索宋代家具在宋代美学理念影响下的风格形态和特征，从而对宋代家具的形制、形式和风格等进行系统的分析，进而深入阐释宋代家具的形制和内涵。（李杨，2021）王诜所坐的椅子为圈椅而非太师椅的原因在于，太师椅是在交椅的基础上发展而来，且具有荷叶拖首的特征，与《西园雅集》中所描绘的并不相符，因此推断为圈椅。宋代的圈椅有靠背，扶手呈圆弧形，且出头扶手内卷较多，呈内漩涡形，符合宋代圈椅的特征。明式家具的代表——明式圈椅（见图 2.7）就是基于这种设计而开发出来的，呈现出天圆地方的形状，圈椅的扶手和搭脑的圆形弧线更加符合人体的舒适要求，这是一种人体工程学上的进步。宋代家具是宋儒对审美意境的一种表现，尤其注重表现“意”。家具作为一种载体，反映了一种特殊的艺术观念，文人的审美趣味对家具产生了潜移默化的影响，家具的典雅、飘逸、清秀等特征，也与这种审美趣味相适应。

图 2.7 三张图片都是明式圈椅

二、计量史学法（通过一些统计的数据进行计量）

采用文献统计分析法和内容分析法，以中国知网数据库（CNKI）中关于中国传统家具的论文为研究对象，从来源数据库频次、年载文量频次、学位授予单位频次、导师指导频次、文献被引频次、学科门类与专业频次、关键字频次等方面，分析中国传统家具领域的研究现状。相关文献研究结果表明：传统家具相关研究成果丰硕，专业的高校科研团队已经形成和但研究热潮逐渐退却，传统家具研究需要新的契机，并需要除了艺术学、工学外的管理和营销等学科的介入，以提高传统家具产业的整体水平。

三、比较史学法

比较史学是将两种或两种以上的历史现象进行比较，以加深、扩大和验证对历史的认识的一种方法。（彭亮、董玉库，2021）彭亮教授在《中外学者明清家具百年历程脉络梳理：西学与中学》中对中外学者的中国明清家具研究百年历程进行了系统的梳理，分为西学与中学两个部分，分别对西方学者与中国学者对明清家具的研究进行了归类与论述。重点梳理了 20 世纪 80 年代以来早期研究学者的研究成果、中生代学者与新生代学者的研究成果，最后探讨了中国明清家具研究未来的发展方向。（彭亮、董玉库，2021）

四、心理史学法

对彝人家具进行的色彩心理研究表明，在彝族一千多年有史可查的历史中，他们创造了灿烂的彝族文化，而这些文化最主要体现在工艺美术上。（罗毅，2016）“黑为底、红黄配”的椅子配色代表了彝族的独特性与唯一性（见图 2.8），值得我们深入探索。探索彝族家具三原色的心理，得出以下结论：黑色象征土地崇拜与上天的恩赐；红色是生命之色，这出于对火的崇拜；黄色则象征阳光与丰收。在彝人眼中，黄色是阳光的象征。阳光是善良的代表，带来了丰收和富裕。黄色是太阳和光明的代指，是万物生长的根本，象征着光明、美丽、吉祥与繁衍。透过彝人的三原色，人们可以感受到彝人的心灵世界，体会到他们对世界的特别认识，并领悟到他们与世界的某种关系。（罗毅，2016）由此，“黑为底、红黄配”的巧妙搭配，使得这种色彩不再是单纯的视觉炫耀，而是一种“有意味的形式”，留下了无限意蕴的可能。

图 2.8　彝族椅

五、跨学科史学法（以学科间有关的共同问题为研究对象）

纵观现代建筑的发展史，许多现代建筑大师与家具设计有着密切的联系。通过举例分析各个时期大师的建筑与家具设计作品，可以指出家具设计与建筑设计之间的关系。同时，这也为现代建筑发展史提供了一种跨学科的研究方法，从侧面研究现代建筑的发展历史。

对于历史学视角下的设计艺术研究方法而言，不同民族文化的史学传统与历史学科的全球化之间似乎存在着一种张力。从跨文化、跨学科的视角出发，结合当代科技手段和学术平台，考察设计艺术研究方法在全球范围内的变化，可以为相关研究领域的学者提供借鉴。

第三章

椅子与设计哲学

设计哲学溯源

古代椅子的设计与制造不仅受到儒家思想的影响，还与《考工记》、古代文人的生活方式与价值观等因素紧密相关。

儒家思想深刻体现了孔子所提倡的中庸之道，这一理念逐渐渗透到他的文艺批评和艺术思想中，最终形成了儒家所推崇的中和价值观。中和理念强调家居艺术与住宅环境的和谐，要求家居设计与周围环境的协调统一。设计不仅应关注传统的复古风格，还要结合现代元素，融入周围环境。儒家思想的应用旨在让人们在使用家具时感到心灵的宁静，避免设计元素显得过于突兀或孤立，展现出柔和与关怀。同时，儒家思想还强调各方利益的平衡，避免过度偏重某一方面造成失衡，这与工艺中的协调、和谐和节制理念一致，能够保持审美上的平衡与宁静。

儒家思想主要从建筑艺术的角度分析家具设计，而《考工记》则专注于家具工艺设计，具有一定的科学依据。《考工记》记录了中国春秋时期官营手工业的多种生产技术，是中国最早的手工业文献之一。书中介绍了在产品制作中，将天时、工艺技巧、优质材料和地理条件相结合的重要性。材料的选择受季节限制，精确采集和按季节使用是保证产品质量的关键。尽管《考工记》没有直接提到人体工程学，但其对工艺的精细要求间接影响了椅子设计的人体工程学考量。古代椅子的设计逐渐开始考虑到人体的舒适度，如椅背的弧度、椅面的倾斜角度等。《考工记》凝聚了劳动人民的智慧，是中华文明的重要遗产，因此，现代家具设计应从《考工记》中汲取经验。

与此同时，文人作为中国古代社会中的重要阶层，其审美情趣、生活态度和文化追求在很大程度上也塑造了家具设计的风格和功能。文人对高质量生活的追求充满情趣，崇尚清新脱俗，追求雅致与精巧，常将个人情趣融入庭院设计及家具的选择与制作之中。因此，椅子上常有书画、诗词、山水等文化元素的装饰，反映了文人对文学艺术的热爱和追求。这种追求与现代大都市生活的节奏形成鲜明对比。将古代士大夫的家居生活理念融入现代家居设计中，可以让现代人也体验到那种“偷得浮生半日闲”的闲适趣味。这并非简单的复古，而是将古代的悠闲情怀与现代创新设计巧妙结合的体现。

现代家具设计可以从古代哲学思想中汲取灵感，特别是“天人合一”的理念，这是中国古代哲学的核心思想之一。在家具设计中，这一理念体现在对自然材料的选择与尊重上，要求充分展现自然材质的纹理和美感。设计师在追求“天人合一”时，需要关注天、地、人三者的相互关系，并使之有机融合。从宏观角度来看，设计不仅要考虑家具本身，还要结合传统文化和现代人的需求，以此为传统文化与现代家具设计的融合开辟更广阔的路径。

近代椅子设计的哲学观念

随着西方工业革命的不断推进，工业设计领域开始追求在产品设计中实现美学与技术的融合，同时哲学领域也开始对设计进行更为系统化的探讨。因此，工业设计的发展历史也见证了设计哲学的逐步形成与发展。工业设计运动中蕴含着丰富的哲学思想。

约翰·拉斯金（John Ruskin）洞察到了早期资本主义工业生产中的若干问题，他指出，机械化生产的物品缺乏了手工艺品所蕴含的情感和温度，变得冷漠，丧失了审美价值。早期的批评者并没有积极面对这种转变，而是沉浸在对中世纪手工艺生产方式的怀旧之中，他们试图将设计、操作、艺术与技术、实用与美观融为一体，但这种态度与历史发展的潮流背道而驰。尽管如此，他们对资本主义生产中的问题，如技术与艺术的脱节、产品质量的下降等，进行了深刻的反思。他们从道德角度对资本主义社会进行了批判，但未能提出有效的解决方案。威廉·莫里斯（William Morris）受到拉斯金思想的深刻影响，他认为机械化生产损害了人类劳动的智慧，并主张劳动应当是一种创造美的过程。与拉斯金不同的是，莫里斯并不完全反对机器生产，他指出劳动分工导致了装饰与功能的分离，并主张装饰应与功能相融合，而不是掩盖功能。他主张将实用性与审美性统一起来，产品不仅要满足物质需求，还应具有精神层面的审美价值。在生产过程中，他强调了对人的关怀。然而，他的解决方案仍然局限于手工艺和哥特式建筑风格，未能成为现代艺术的真正先驱。莫里斯认为机械化生产对人类是有害的，艺术应当服务于人类，同时具备实用性和审美性。他警告说，不应在家中放置只有实用性而缺乏审美价值的物品。他强调实用性与审美性不可分割，两者必须和谐统一。

莫里斯反对将艺术与小艺术（如产品设计、装潢美术）分开，认为这种区分会削弱小艺术的价值，使其变得机械化、缺乏理性，并失去对流行趋势的抵抗力。同时，缺乏小艺术的支持，大艺术也会失去其大众化的价值，变成仅供富人消遣的物品。因此，莫里斯提出了“美与技术相结合”的理念，倡导产品生产应该兼具实用与审美功能。缺乏前者，产品便缺乏被广泛接受的物质基础；缺乏后者，产品则会变得机械和僵化，失去活力。他反对“纯艺术”，主张美术家从事设计时应遵循材料的本质和功能的要求，创造现代的设计方法。拉斯金与莫里斯共同指出了早期资本主义机械化生产所带来的问题，他们认为劳动技术与审美应当统一，但寄希望于中世纪的手工生产方式，因而未能找到符合历史发展规律的解决方案。

在英国工艺美术运动的影响下，19 世纪末至 20 世纪初，欧洲大陆掀起了设计运动的高潮，以法国和比利时的“新艺术运动”为中心展开。（王棠，2013）该运动继承并延展了莫里斯的理念，强调艺术与技术的结合，特别是在设计中引入自然风格与流畅的曲线。

然而，他们并未深入探讨产品结构与功能之间的内在联系，导致设计思想相对表面化。亨利·凡·德·威尔德（Henry van de Velde）抛弃了对机器大规模生产的排斥，提出机器是设计师和工程师的重要工具，并明确了设计应遵循结构合理、材料精确使用和工作流程清晰的原则，进一步推动了现代设计理论的发展。他提出功能优先的设计原则，并提出了设计的三大准则：产品设计结构合理、材料使用精确、工作流程明晰，以实现“工艺与艺术的结合”。他阐述了自己关于技术与美关系的观点，认为依据理性结构原则创造出的实用设计，才是实现美的首要条件。他强调了“合规律性与合目的性的统一”，这正是设计的核心本质。这一思想对工业设计和设计哲学的发展具有重要的积极作用，打破了新艺术运动中仅关注产品形式的局限，为现代主义设计理论的发展奠定了坚实的基础。

在西方设计风潮的影响下，中国传统思想也受到冲击，开始反思文化发展的方向。以梁启超、梁漱溟为代表的学者主张：中国文化的发展应回归孔孟儒学的传统，不应完全排斥西方文化，而应将东方文化的优势与西方文化结合，寻求调和与融合。（臧美莹，2022）在弘扬东方文化的过程中，民族化和科学性逐渐成为本土艺术和文化发展的核心目标。民国时期的“中西合璧”家居设计风格逐渐兴起，既保留了中国传统文化特征，又融合了西方艺术元素。尽管早期这种风格并不成熟，但它为中国当代家具设计奠定了基础。同时，西方家具设计为了迎合中国市场，逐步融入中国元素，提升市场接受度。这些融合后的设计风格在返回欧洲市场后，受到了欢迎并取得了商业上的成功。

当代椅子设计的哲学观念

一、当代家具设计强调人性化，旨在同时满足人们的心理与生理需求

设计不仅仅是为了提供功能，还应该让用户感受到舒适与温暖。人性化设计融入了人文关怀、艺术感、审美心理等因素，不仅在功能上满足使用者的需求，还能在情感上与使用者产生共鸣。曾经，路易斯·沙利文（Louis Sullivan）提出了“形式追随功能”的理念，而后续的设计趋势则转向“形式追随激情”，强调消费者在使用产品的过程中，不仅购买了产品，还获得了价值、体验和自我表达的机会。人性化设计贯穿了社会发展过程中的各个时期，不断推动设计理念的进化。

在椅子的设计中，人性化意味着从内而外的关怀，关注使用者的情感需求，并通过设计提供温馨的感受。在当前的信息时代，网络虽然缩短了人们之间的物理距离，但情感上的隔阂却可能更加明显。因此，现代设计需要更多地关注人性化需求，恢复人们的本性与情感纽带。人性化设计首先应考虑到人体工程学，针对不同年龄、性别和生活习惯的人群

量身定制。例如，给孩子设计的椅子应与成人椅子在尺寸和重量上有所不同，避免过高或过重导致不便。现代设计师需要关注细节的表达，以人为本的设计理念强调通过关注细节来体现人文关怀。虽然科技在设计中占据重要地位，但如果设计只注重技术而忽视情感的平衡，最终的产品也将失去意义。因此，人性化设计不仅反映了技术的发展，还蕴含了设计者对人类情感和精神道德的重视。

二、绿色设计是一种优先考虑环境因素的设计理念

绿色设计的核心是减少环境污染、降低资源消耗，并提高材料的可回收性。这一理念的基础是公认的“3R”原则：减少（Reduce）、再使用（Reuse），以及回收利用（Recycle）。绿色设计不仅仅关注产品的功能，还强调产品对环境的影响，致力于减少对生态的破坏。

绿色设计的概念起源于20世纪60年代，设计师维多克·巴巴纳克（Victor Papanek）提出了设计应优先考虑自然资源合理利用的思想。随着环境保护成为全球热门话题，设计行业越来越重视人与自然的和谐共生。绿色设计强调，在设计产品时应将自然视为一个有机整体，考虑材料来源的可持续性，而不仅仅是为了设计而设计。即使设计出了一把功能完美的椅子，如果其制造过程中使用了破坏环境的材料，最终这把椅子也无法被视为对社会有益的产品。

在当代，家具设计不仅需要满足使用者的功能需求，还要兼顾其环境适应性与材料的环保性。绿色可持续发展已成为21世纪的文化主题，也是各大企业的主要目标。绿色设计不应停留在口号上，而应通过实践来落实，在产品生产和制造过程中付诸实际行动。

三、随着人们物质需求的不断满足，消费者对家具的要求逐渐从单纯的功能性转向个性化和时尚化

如今的消费者在选择产品时，更注重其文化内涵和心理层面的满足。选购家具时，他们不仅仅关注物质功能，还期望通过家具的设计彰显自己的个性与时尚品位。消费者更加倾向于选择那些能够展现个人风格、独具特色的设计作品。

现代社会的设计过程反映了设计师与消费者之间的互动关系，设计不仅是设计师通过科技与艺术创意自由发挥的结果，更是在消费者需求的基础上进行调整和改进的表现。设计师必须站在消费者的角度，理解他们的需求和期望，从而在设计过程中表达出他们的使用意愿和生活方式。

随着科技的进步与新材料的不断发展，椅子的设计不仅在外观上得到了极大的丰富，功能性和舒适性也随之提升。如今，一把好的椅子不仅仅是供人坐的工具，它还肩负着为

人们提供情感抚慰的功能，特别是在休闲时，它可以带来舒适感，甚至在人们感到失落时，也能通过细腻的设计带来内心的安慰。同时，好的椅子设计也能给人带来视觉上的美的享受，使其超越纯粹的物质功能，成为一种文化与情感的载体。

将人性化、环保与个性化相结合的设计理念，使得当代椅子设计正朝着更贴近用户需求、更富有情感和文化内涵的方向发展。这些趋势不仅提高了产品的实际使用价值，也丰富了产品的情感和文化意义。

设计哲学本质的思考

一、以人为本是衡量设计优劣的核心标准，重点在于满足人类需求，促进人的全面发展

任何设计活动的基础都在于如何回应人的需求和愿望，随着消费者对家具功能需求的不断提升，现代家具不仅要美观，还要舒适。尤其在现代工作和生活方式的变化下，长时间久坐容易引发疲劳，因此设计舒适的坐具显得尤为重要。设计者需要充分考虑人体工学原理，以确保坐具为用户提供良好的支撑，减少久坐对健康带来的负面影响，提升整体舒适度。人体工程学研究的是人、机械与自然环境之间的相互关系。它涵盖了生理学、心理学和行为学等多个领域，目的是实现人与环境、人与机器之间的协调关系。基于人体工程学的家具设计，不仅要满足人体的舒适需求，还需在实际应用中确保其功能性。人体工程学与家具设计的结合，不仅提升了家具的舒适度，还潜移默化地影响了人们的坐姿与使用习惯（见图 3.1）。这种设计理念有助于改善人们的身心健康，通过合理的支撑和调整，减少因不良姿势带来的身体不适。长期使用符合人体工程学的家具，有助于培养正确的坐姿，进一步提升生活质量与工作效率。

图 3.1　人体工学椅

二、“真善美”是人类在认识和改造世界过程中的核心追求和永恒理想

无论在哲学、艺术还是科学中，“真”“善”“美”相互渗透、辩证统一，构成了对事物本质的完整理解。（曹文斌，2015）尽管“真”“善”“美”各自具有相对独立性，但它们始终保持着密切的关联。椅子作为人造物品中的重要代表，既具备功能性，又与社会学、行为学、哲学、美学和心理学等学科密切相关。现代著名哲学家方东美在分析东西方哲学派别时，特别强调了对真、善、美的价值追求。（余秉颐，2021）在中国哲学中，真、善、美的最高境界被归纳为一种“内在超越”，这一理念超越了对物质世界的简单认识，追求精神层面的完善与提升。中国传统哲学尤其注重通过内心修养、道德提升来实现对真、善、美的全面追求。儒家提倡道德完美的境界，道家追求艺术中空灵的境界，而佛家则强调超越尘世的宗教境界。这些哲学流派共同构筑了对真、善、美价值理想的理解。

1. “真”代表的是对自然、社会及人类实践中的规律性认识

科学探索的核心在于追求真理，即通过观察和实验揭示世界的真实面貌。椅子的设计亦如此，它追求真实和实用的本质要求。自人类诞生以来，征服和改造自然的过程就是发现真理的过程。在设计椅子时，设计师通过观察人体结构与自然规律，应用人体工程学的原理来优化座椅的舒适度和功能性。通过研究材料的属性、结构的合理性和功能的需求，设计师们不仅在美学上追求和谐统一，还要确保设计能经受住实际使用中的考验，展现出椅子的本质——为人们提供支持与舒适。椅子设计中的“真”体现为科学性和实用性的统一。例如，现代人体工程学的应用使得椅子的设计不再仅仅依赖经验，而是通过科学研究人体姿势与支撑的关系，优化结构，以确保长期使用中的舒适性。正是通过对自然规律的理解和运用，椅子在形式和功能上都展现了对真理的追求。

2. “善”在伦理学中指的是道德上的正义和良善

在椅子的设计中，“善”不仅体现在道德上对使用者的关怀，还包含了对社会责任的承担。亚里士多德在其著作《尼各马可伦理学》中提到，每一种技艺和实践都以某种“善”为目标，椅子的设计同样如此——其最终目的是为使用者提供身心健康的支持。伦理学研究道德规范和人类行为的善恶标准，而椅子的设计则体现了对使用者的善意——通过提供健康、舒适的体验来提升用户的福祉。例如，现代办公椅不仅在设计中考虑到长时间坐姿对人体的影响，还致力于缓解背部、腰部和肩部的压力，以减少使用过程中可能产生的疲劳和不适。这不仅是一种技术层面的进步，也是设计中的伦理责任——通过椅子的设计为人们的生活和健康提供实质性帮助。“善”在椅子设计中还体现在对环境的关怀。环保材料的使用、设计过程中的资源节约，都体现了设计师在全球化背景下对社会和环境的责任。可持续发展理念推动了绿色设计的普及，不仅在材料选择上更加注重环保，还通

过改进生产工艺，减少对自然的破坏。这种将社会责任融入设计的做法，正是椅子设计中的“善”之体现。

3. 对“美”的追求是人类在艺术、伦理和科学三大领域中的最高目标

设计中的“美”不仅仅局限于视觉上的愉悦感，更包括情感、精神和文化的融合。美学的追求使得椅子不仅是一个功能性物品，更成为艺术与情感的载体。从椅子的外形设计到使用体验，设计师们试图在每一个细节中体现美感。现代社会中的椅子设计不仅需要满足基本的功能需求，还应激发使用者的情感共鸣。设计师通过对线条、材质和比例的把控，使椅子展现出简洁、优雅、和谐的美感。与此同时，这种美感并非空洞的形式主义，而是建立在科学“真”与伦理“善”基础上的美学表达。科学“真”与伦理“善”的最终目标是实现“美”的升华。当椅子的设计在科学性与功能性上得到了充分的满足，并且在道德上关怀了使用者与环境，设计的美感也就自然而然地展现出来。一把真正美的椅子不仅能带来视觉上的享受，更能在情感上给予使用者安慰和满足。例如，一把经过精心设计的椅子，不仅外形优雅，坐起来也非常舒适，这种美的追求就达到了更深层次的情感共鸣。

4. 人类追求“真”“善”和“美”并非独立的过程，而是相互交织、互为依托的

在椅子设计中，这三者的统一反映了设计师对科学、道德和美学的全面理解与应用。椅子不仅要真实有效地满足人们的使用需求——“真”，还要对使用者和环境负责——“善”，最终通过艺术和美学的表现让人感受到情感与精神上的满足——“美”。在设计的更高层次上，“真”“善”“美”的和谐统一是每一个优秀设计方案的终极追求。

第四章

椅子与设计美学

设计美学释义

美的本质是一个复杂而深刻的哲学问题。美是一种关于审美体验、感知和理解的主观经验。不同文化和不同人群的审美标准可能存在着差异。因此，各个哲学学派对美的本质提出了不同的理解。以下是一些哲学学派的观点。

1. 客观主义

这一学派认为，美是一种客观存在，属于事物本身的属性，独立于观者的感知。美的本质可以通过科学和逻辑的分析与研究来揭示。根据客观主义的观点，某些事物无论是谁来审视，都会被认为是美的。

2. 主观主义

与客观主义相对，主观主义认为美是由观者的感知和判断所决定的。它强调审美体验的主观性，认为美的本质存在于观者的体验中，无法通过客观标准来衡量或研究。

3. 相对主义

相对主义认为，美的标准并非一成不变，而是在特定的文化和历史背景中形成的。不同的文化和时代有着各自独特的审美标准，因此美是一个文化相对的概念。

4. 随意主义

随意主义则认为，美是纯粹主观的，没有任何普遍的标准。它主张美完全取决于个人的判断和意志，不存在任何公认的标准或依据。

总而言之，美的本质是一个需要从多角度分析的问题。各个哲学流派提供了不同的观点，帮助人们更全面地理解和探讨美的复杂性。

椅子设计美感之分类

一、椅子的自然仿生美

以大自然为灵感来源的设计风格在现代家具设计中占据了重要地位。例如，艾恩·雅各布森（Arne Jacobsen）设计的 Egg Chair 就是自然仿生美的经典作品（见图 4.1）。这款椅子的外观与人体自然结合，独特的环抱形状给人一种悬浮感，使得椅子仿佛脱离了传统的支撑结构。同时，弧形的高背设计营造出一个相对独立的个人空间，将使用者与外部环境隔离，但仍能保持一定的开放性。Egg Chair 不仅仅是一把椅子，更是一种社交工具，它在公共和私人空间中形成了独特的互动。

图 4.1　艾恩·雅各布森设计的 Egg Chair

正如意大利建筑设计专家路易吉·科拉尼（Luigi Colani）所指出的，“设计的基础应源于大自然的生命所呈现的真理”。自然界中的动植物形态丰富多彩，其功能往往可以启迪设计师的灵感。自然仿生设计让家具充满了生命感，将自然界的美学与功能相结合，使家具不仅能满足生理需求，还能引发情感共鸣。通过对自然形态的模仿，家具设计不仅变得更具活力，还在满足功能性的同时增强了其艺术性和情感表达。设计师借鉴大自然的元素，结合人体工程学，能够使家具更具人性化。（殷瑞钰等，2021）例如，仿生设计能够通过模仿生物的形态来创造出与使用者产生情感联系的家具，提升居家环境的温馨感，使生活空间更加生动和富有情感。汉斯·瓦格纳——丹麦 20 世纪最伟大的家具设计师之一，以其对木工技艺的深刻理解和出色的设计能力而闻名。他的作品兼具自然美感和高超工艺，其中最著名的作品之一是 1949 年设计的扶手椅“The Chair”（见图 4.2）。这款作品不仅在国际上为丹麦设计赢得了声誉，还成为丹麦家具设计的代表作。瓦格纳的设计风格几乎没有生硬的棱角，转角处通常以圆滑的曲线处理，给人一种亲和力和舒适感。The Chair 也以其流畅的线条、精致的细节和高雅的造型而著称。即便经过多年，这款椅子依然被广泛模仿和喜爱，证明了它作为经典设计的持久价值。

图 4.2　汉斯·瓦格纳设计的 The Chair

二、椅子的艺术装饰美

主要通过其简洁流畅的线条、精选的材料质感、和谐的色彩搭配以及巧妙融入的装饰元素来体现。中国艺术史可以说是一部线的造型艺术史。线条体现在青铜和玉器上，就是纹饰艺术；体现在纸墨上，就是书画；体现在声音中，就是戏曲唱腔。明清以来，线条体现在家具上，造就了家具形态的韵律之美。明式家具中的椅子，以其简洁、优雅的曲线而著称，线条从椅背到椅腿一气呵成，展现了一种灵动而又不失稳重的美感。线条的运用在椅子设计中既体现了结构的稳定性，也展现了一种飘逸的东方神韵。例如，明式家具中的圈椅展现了独特的线条和空间造型，符合传统审美的内在规律（见图 4.3）。

图 4.3 明式家具中的圈椅

同时，方与圆，一直是中国古代传统哲学观念的典型表现方式。明式椅用线条所构成的方与圆，也很值得玩味。大如宇宙，天圆地方的学说在圈椅上表现得淋漓尽致。圈背与扶手自然相连，形成一个优美的弧度，坐面则方正而稳固。就如同圈椅的月牙扶手象征天，方正的坐面象征地，天与地的交融，蕴含了圆满与稳健的愿景。从个体角度来看，“无规矩不成方圆”的自我约束在官帽椅上得到了深刻体现（见图 4.4）。无论是靠背还是椅脚，官帽椅似乎更倾向于使用直线设计，其方正、四平八稳的造型或许是遵循规则的最佳表达。尽管如此，灵动的曲线巧妙地融入其中，方中有圆，庄重中透露着典雅。线条看似硬朗，但仔细观察会发现其设计圆润，触摸时手感非常柔和。外部圆滑，内部坚韧，明式椅暗含着阴阳平衡的哲学，刚中带柔，刚柔相济，展现出极高的美感。没有繁复的纹饰，也没有硕大的用料，明式椅以其流畅的线条、温婉的扶手和精致的榫卯，撑起了一个

时代。小小的线条自由切换，个中的哲学理念、风俗人情与现代科学也值得后人慢慢地研习品味。（黄炎，2016）

图 4.4 明式家具中的官帽椅

格里特·托马斯·里特维尔德（Gerrit Thomas Rietveld），是荷兰著名的建筑与设计大师，也是荷兰风格派的重要代表人物。格里特·托马斯·里特维尔德一生设计了大量的家具作品，其中红蓝椅无疑是20世纪设计史中最富创造性和影响力的作品之一（见图4.5），他将风格派艺术由平面延伸到三维空间，通过简洁的结构和三原色，创造出了一系列美感与功能性兼具的建筑和家具，以一种实用的方式体现了风格派的艺术理念。从功能角度看，这把椅子可能并不算特别舒适，但它展示了产品的最终形式由其结构决定。设计师能够赋予功能以诗意的表达，这是一种对工业美学的诠释。这把红蓝椅可能不是椅子中形式最美的，也不是坐着最舒服的，但这些都不影响它成为现代主义形式探索的里程碑之作。

图 4.5 格里特·托马斯·里特维尔德设计的红蓝椅

三、椅子的科学技术美

随着科技的进步，设计的美学不仅仅体现在视觉与功能的结合上，还包括了高科技的运用。现代计算机椅市场的快速发展，尤其是结合了人工智能技术的椅子，不仅注重舒适性和人体工程学，还不断向多功能性和智能化方向迈进。科技的应用使椅子的设计能够更好地满足人们对舒适、健康以及多功能性的需求。例如，智能椅子具备自动调节的功能，能够通过传感器感知用户的姿态，并调整座椅高度、角度等，以确保用户始终处于最舒适的状态。此外，按摩功能、加热功能、音乐播放、空气净化等科技元素的加入，使现代椅子不仅是功能性的工具，还能提供全方位的舒适体验。人体工程学的应用，是区分高端与普通按摩椅的关键因素。高端按摩椅通常配备智能机芯，能够模拟真人手法，提供精准的按摩效果。其中，太空舱式计算机椅的设计原理为利用气囊柔和推动按摩，刺激肌肉并促进血液循环。其不仅关注按摩功能，还注重整体健康体验，从而提高用户的健康水平（见图 4.6）。科技的进步，使椅子的设计不再仅仅满足基本的座椅需求，而是创造了一个多功能的、贴心的、健康的生活伴侣。

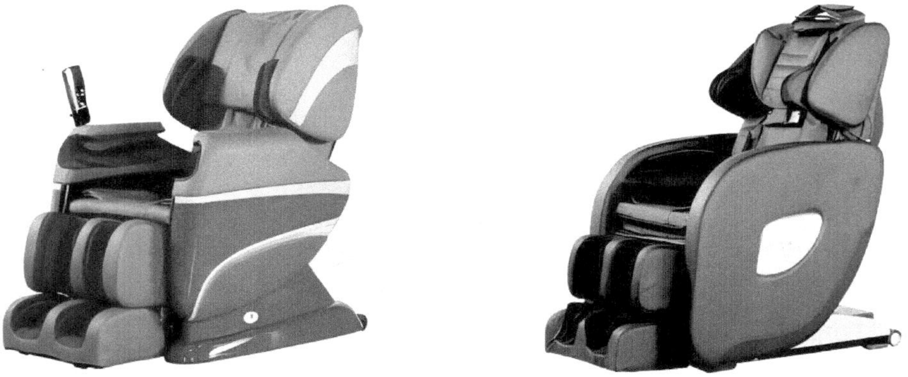

图 4.6　多功能智能椅

设计美学是一种综合了多种元素的艺术形式。无论是自然仿生美、经典设计还是结合了现代科技的科学技术美，都展示了设计美学的多样性和复杂性。通过不同的设计风格和理念，椅子不再仅仅是一个实用的工具，而成为一种艺术形式与功能性的完美结合。这些设计不仅满足了人们的生理需求，也在视觉和情感上给予了人们更高的审美享受。

美的鉴赏

美的鉴赏是一种对艺术作品进行感知、理解和评价的过程，涵盖了情感、理性和审美的多重维度。在鉴赏的过程中，不同的观点和方法能够引导观者以不同的方式看待艺术作品，从而影响对作品的认识和评价。美的鉴赏涉及多种理论视角，其中移情说、抽离说和孤立说是三种具有代表性的美学观点，每一种都为艺术鉴赏提供了不同的切入点和思路。

一、移情说

移情说强调观者在欣赏艺术作品时与其产生情感共鸣，从而获得更为真实和深入的感受体验。根据移情说的观点，欣赏者不仅是被动的观看者，更是通过情感互动积极参与艺术作品的人。移情说主张观者应当通过情感融入作品之中，体验作品所传递的情感，并用自己的情感去回应作品。

在这种观点下，艺术作品不再仅仅是视觉或听觉上的享受，而成为观者情感表达的媒介。例如，当欣赏一幅画作时，观者可以通过画中的色彩、线条和主题感受到画家的内心情感，并且借由自己的情感体验进一步深化对作品的理解。同样，在音乐的欣赏中，旋律、节奏和音色都能够激发观者内心深处的情感共鸣，使他们在音乐的流动中感受到情感的起伏与变化。移情说尤其适合欣赏那些注重情感表达的艺术形式，例如文学、音乐、绘画等。这些作品往往通过感性因素触动观者的内心，使他们能够更好地理解艺术作品的情感内涵，从而达到对美的更深层次的体验。

二、抽离说

抽离说主张欣赏者应从艺术作品本身的形式、结构和特点出发，进行理性、客观的分析和评价。它强调艺术作品的形式感和结构美，认为创作的核心在于其构成的元素与形式。通过对作品形式的细致解读，观者可以发现隐藏在作品表面下的美感和艺术技巧。抽离说认为，艺术作品的价值可以通过对其形式、构图、色彩、线条、造型、结构和技术的系统分析来挖掘，观者在欣赏过程中，不应仅凭个人情感反应，而应从视觉效果、创作手法、结构安排等角度去解读艺术作品。例如，分析一幅画作时，观者可能会通过对比色彩的搭配、构图的平衡和线条的运用，来探讨画作的视觉美感和艺术价值。这种鉴赏方式适用于那些强调形式美和结构严谨的艺术作品。抽离说帮助观者超越作品表面的情感表达，深入到艺术创作背后的形式逻辑和审美规律，以更系统和理性的方式进行艺术欣赏。

三、孤立说

孤立说是一种强调艺术作品独立价值的审美观点，认为欣赏作品时应当将其从外界的各种影响因素中分离出来，集中于作品本身的独特性和内在价值。孤立说的核心在于，观者应当通过孤立作品来更好地欣赏其纯粹的美感，而不被创作背景、历史时代、作者经历或文化氛围等外部因素干扰。在孤立说的视角下，艺术作品的美感并不依赖于它所处的环境或其背后所承载的社会意义，而是存在于作品的形式、构成、艺术手法和意象中。通过对这些内在元素的鉴赏，孤立说试图追求一种超越世俗的纯真美感。它倡导观者从作品本身出发，注重色彩、构图、线条、意象等艺术技巧，通过作品的自足性来感受艺术的力量和独特性。这种鉴赏方式试图排除一切外部干扰，使观赏者专注于作品的本质，享受艺术带来的纯粹审美体验。孤立说的价值在于，它为观者提供了一种祛除干扰、专注于作品本身的审美方式。在这种视角下，观者不需要过度了解作品背后的历史背景、文化影响或作者的个人经历，而是可以直接通过作品的形式美感来获得欣赏的愉悦和艺术感悟。这种方法适合在面对一些特别注重形式美的艺术作品时进行，比如抽象艺术、极简主义或表现主义的作品，在这些作品中，形式、构图和色彩等元素往往更为重要。然而，孤立说也有其局限性。它忽略了艺术作品与其文化背景、创作动机、社会功能的密切关系。事实上，很多艺术作品的美感与其所处的历史背景、文化氛围以及作者的生活经历息息相关。过度孤立作品，可能会导致对艺术作品的理解不够全面，忽略了其深层次的思想内涵与社会意义。

四、不同观点的整合与审美提升

移情说、抽离说和孤立说这三种艺术鉴赏观点各有其独特的价值和科学性，它们为艺术作品的审美提供了多维度的理解途径。每一种鉴赏方法都强调了审美过程中的不同方面，帮助观者从感性或理性的角度去欣赏和分析艺术作品。在实际的艺术鉴赏过程中，观者应当根据个人的审美经验、文化背景和作品的具体特点，灵活运用这些不同的鉴赏观点。例如，当面对注重情感表达的作品时，移情说能够帮助观者更深入地体会作品中的情感力量；而在欣赏结构严谨、技法精湛的作品时，孤立说则可以让观者专注于作品形式上的独特美感。总的来说，这三种鉴赏方法并不相互排斥，而是可以互为补充。艺术的美感往往是复杂多维的，单一的鉴赏方法可能无法完全涵盖作品的全部内涵，通过整合不同的审美观点，观者可以从多个角度更全面地欣赏艺术作品，不仅可以提升个人的审美能力，也加深了对作品感性与理性层面的理解和分析。

第五章

椅子与人因工程

人因工程与椅子设计的理论基础

人因工程（Human Factors Engineering）又称人类工效学，属于科学和工程领域，是专注于研究人的生理特征和心理行为在人机系统中的应用科学。它从人类的生理、心理和行为特征出发，推进对工作环境、产品和系统等领域设计的改善，使其更符合人类的具体需求。人因工程在椅子设计中的应用尤其关键，能显著提高使用者的舒适度和工作效率。椅子作为一种常见的坐具，对人们的日常生活和工作具有重要影响。合理的椅子设计可以提供舒适的坐姿支持，减轻长时间坐姿所带来的疲劳和不适感。此外，椅子的设计还与工作效率密切相关。通过提供良好的支撑和调节功能，椅子可以帮助使用者保持正确的工作姿势，从而减少身体不适，提高工作效率。因此，在当代家具设计领域中，椅子设计的人因工程应用日益受到重视。具体而言，椅子设计需要遵循人因工程的一系列原则，主要包括以下几点：一是适应性的原则，即椅子要与不同身材的使用者特征相适应；二是人机界面原则（HMI），即为了减少使用者因姿势造成的不适和健康问题，椅子应符合人体工程学的设计，以提供良好的姿势支撑；三是灵活调节原则，要求椅子能适应不同使用者和任务的需求，具备灵活的调节功能；四是安全性原则，要求椅子的结构设计稳定，并配有必要的安全警示，以有效防止意外事故；五是使用者体验原则，强调需优化椅子的外观、材质以及操作的舒适度设计，以提升使用者的使用感受和满意度。（吴文治，2016）对于椅子设计与人因工程的综合应用，已有研究提供了深刻的见解。农先文分析了弗兰克·劳埃德·赖特（Frank Lloyd Wright）将空间设计原理与人体工学原理相结合，透过整体有序的设计原理，创造出与居住空间和谐一致的椅子设计的具体策略。（农先文，2020）此外，杨东旭在《从宋、明、清椅子看中国传统家具设计的权力特征》一文中，展示了椅子的材质选择和结构设计，如何在中国传统文化中体现特定社会和文化需求。（杨东旭，2016）这些研究表明，无论是在西方还是东方的设计传统中，人因工程都是椅子设计不可或缺的组成部分，对提升使用者体验和满足功能需求具有重要作用。

基于人因工程学，椅子的设计面临一些挑战。第一，使用者的日益多元化。不同使用者的体型特征、喜好和需求各不相同，因此椅子应满足不同使用者的需求，具备良好的可调节性和适应性。第二，椅子的设计还需兼顾办公室、家庭、学校等不同使用场景的需求，以适应多样的工作和活动要求。第三，人体工程学理论认为，人体压力最大的部位是腰椎，因为它需要支撑整个上肢，容易产生疲劳感。因此，椅子的设计需要综合多种性能达到最佳平衡，包括舒适性、功能性、安全性和经济性。

人体工程学（Human Engineering）是一门聚焦于人体结构、功能及行为的科学，属于人因工程学，目前在椅子设计中起着至关重要的作用。（常语慧、吕从娜，2017）首先，人体工程学对人体的生理特征进行了研究，包括体型大小、比例、运动能力等，这些研究成果对椅子设计至关重要。（常语慧、吕从娜，2017）例如，椅子的尺寸和造型应与不同使用者的体型相匹配；椅子的高度、进深、宽度等参数需要根据使用者的身高、体重、体型等进行相应的调整，这样才能保证使用者坐下时，椅子的支撑是舒适的。此外，椅子的坐垫和靠背为了维持使用者正常的脊椎姿势，其形状和角度也需与人体的自然曲线相吻合。其次，人体工程学着重考虑了人体的运动能力与活动需求。（常语慧、吕从娜，2017；罗志棠，2017）基于上述考量，椅子设计中需增设可调节的椅子高度和靠背角度，并可根据使用者的不同任务和活动需求进行调整，以使使用者在椅子上获得最佳的工作姿势。此外，对于使用者在椅子上进行的不同动作和姿势，如前倾、后倾和旋转等，椅子也应具备稳定性与支撑性。最后，人体工程学还关注人的感知和认知特点。这些研究成果可以应用于椅子的设计中，以兼顾使用者的触觉、视觉等感知需求，提供舒适的使用感受，增强使用者的满足感和愉悦感。例如，座椅垫和靠背的填充物采用柔软且具支撑力的材质，以提升使用者的舒适感。此外，椅子的外观设计与材质选择也会对使用者的感知体验产生影响，因此极具吸引力的外观设计和舒适的材质，都能提高使用者对椅子的满意度和愉悦感。

在椅子的设计上，人体工程学提供了理论依据与指导，使椅子设计能够提供更好的舒适性、功能性和用户体验，满足用户需求，提高工作和生活质量。

舒适性与健康的交互关系

舒适性对椅子来说非常重要。设计师戴维·威克（David Wickett）用了10年打造了能让使用者体验到失重感的Elysium躺椅，号称“世界上最舒服的椅子”。（David Hugh，2019）该椅子采用纯手工制作的碳纤维框架，其独特设计使其在卧姿与坐姿之间保持25°的倾斜角度，从而将使用者的体重均匀分布于椅子的各个部分，最大化支撑人体，让紧绷的相关肌肉得到放松。Elysium甚至能根据使用者身体重心的变化，自动调整角度，当使用者抬起手臂时，椅子也会随之调整，使使用者体验到仿若“漂浮”在空中的感觉（见图5.1）。由此可见，舒适性对椅子而言至关重要。

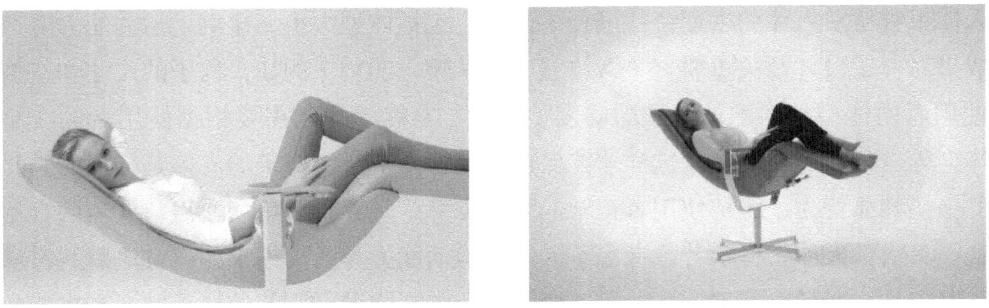

图 5.1　Elysium

要实现舒适性，需从人体工学出发，考虑人体的尺寸和比例，探讨合适的姿势支持方式，以及遵循舒适性的选材要求来选择椅子的材质。考虑人体的尺寸和比例是实现舒适性的关键。其中，重要的尺寸比例包括身高、体重、手臂长度等。这些人体的尺寸和比例因人而异，因此椅子设计必须考虑这些差异，以提供适合多数人的舒适座椅。具体而言，椅子的设计应按照我国的国家标准《办公椅》（QB/T 2280–2007）、《餐桌餐椅》（GB/T 24821–2024）、《学校课桌椅功能尺寸》（GB/T 3976–2014）等，该标准包含了中国成年人坐姿的标准人体尺寸范围（见表 5.1）。椅子的座位高度是一个重要的设计因素。

从设计角度来看，座位高度应使使用者的双脚平稳地触地，保持膝盖和髋关节呈 90° 角。椅子座位的深度和宽度都应能够容纳使用者的臀部和大腿，并留有余地，以提供舒适感。良好的姿势支撑对舒适性及脊椎健康都至关重要，特别是对腰部和颈部的支撑。而合理的椅子背椅设计则对支撑使用者的脊椎曲线起到关键作用。背椅的造型应与人体自然曲线相契合，以减轻脊椎的压力与不适感。例如，Elysium 被评为最舒服的椅子，其一个关键设计要素就是具有出色的背椅设计，它使得 Elysium 的使用者能获得最佳的舒适及脊椎保健。调整椅背的倾斜角度是提供个性化支撑的重要方式，使用者可以根据自己的需求和活动类型，对椅背的倾斜度进行调整，可以再加上可调节的腰部支撑，以增加额外的支持，有效缓解使用者的腰部压力。

表 5.1　中国成年人坐姿的标准人体尺寸范围

单位：mm

测量项目	男（18 ~ 60 岁）			女（18 ~ 55 岁）		
	5	50	95	5	50	95
1. 坐高	858	908	958	809	855	901
2. 坐姿颈椎点高	615	657	701	579	617	657
3. 坐姿眼高	749	798	847	695	739	783
4. 坐姿肩高	557	598	641	518	556	594

续上表

测量项目	男（18 ~ 60 岁）			女（18 ~ 55 岁）		
	5	50	95	5	50	95
5. 坐姿肘高	228	263	298	215	251	284
6. 坐姿大腿厚	112	130	151	113	130	151
7. 坐姿膝高	456	493	532	424	458	493
8. 小腿加足高	383	413	448	342	382	405
9. 坐深	421	457	494	401	433	469
10. 臀膝距	515	554	595	495	529	570
11. 坐姿下肢长	921	992	1063	851	912	975

资料来源：程瑞香．室内与家具设计人体工程学［M］．2 版．北京：化学工业出版社，2016.

正确的姿势支持有助于预防姿势相关的健康问题，如脊椎不适、颈椎疼痛和坐骨神经痛等。通过提供良好的姿势支撑，椅子能减轻长时间坐姿带来的疲劳和不适，改善血液循环和姿势控制。椅子的材质及其质量对舒适度有很大的影响，因此座椅垫及背椅填充物的选择，需考虑到柔软性和支撑力之间的适度平衡。过软的座椅垫会带来不舒适感并形成压力点，而过硬的座椅垫则会造成过度支撑的情况。合适的填充物可以在使用者坐下时提供适当的支持和缓冲作用，从而带来更加舒适的乘坐感受。此外，材质本身的透气程度也是一个重要考量因素。有资料显示，具有良好透气性的材质可以在一定程度上降低椅面的湿润感，并改善乘坐的舒适感。（Adámek et al, 2021）

舒适的椅子质量与舒适性密切相关，椅子应具备稳定的结构和耐久的材料，其中结实的框架和连接件能提供稳定性与支撑力，而不会出现摇晃或倾斜的情况；经久耐用的材质在长时间使用过程中不会变形或损坏，因此能提供较好的乘坐舒适度。基于实践的人体工程学试验及使用者的实时反馈，也对增强椅子的舒适性起着关键作用。通过人体工程学试验和使用者的真实反馈，设计者可以更具体地了解人们对椅子设计的要求，并对此做出相应的改进和调整。在设计椅子时，需要将健康问题与舒适性同步纳入考量。因此，应在考虑人体尺寸与比例的基础上，给予良好的姿势支撑，并选用适当的材质和质量来增强椅子的舒适度。这样既能提高使用者的使用体验，又能对潜在的健康问题起到防范作用，从而促使人们在日常工作和生活中获得舒适与健康的保障。（见图 5.2）

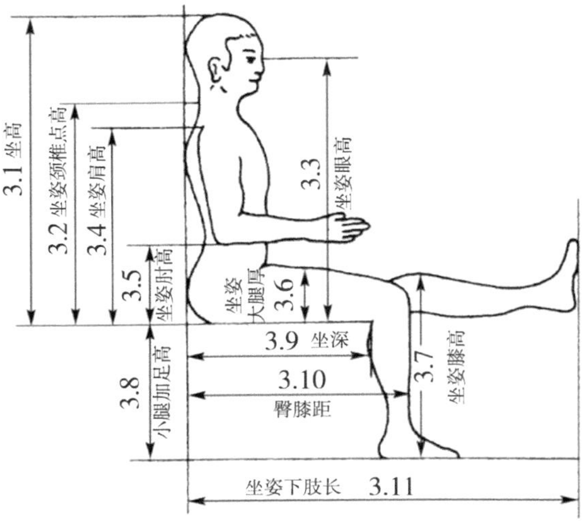

图 5.2　坐姿人体尺寸示意图

功能性与效率的协同设计

椅子的设计需有效协助提高使用者的工作效率，满足不同的使用需求，而椅子的灵活性和可调节性是关键因素。以下介绍几个重要的可调节和灵活设计考量因素。

一、可调的座椅高度

椅子的座椅高度应根据不同使用者的身高及工作台的高度进行相应调整。这样一来，使用者可以根据自己的需求和对舒适程度的不同要求，动态调整座椅高度，最终保证脚部平稳接触地面，保持舒适的工作姿势。

二、可调的椅背角度

椅背角度的灵活调节能让使用者自由选择适合的倚靠姿势，进行不同类型的活动。椅子的设计应使背椅能灵活地前后倾斜，以提供不同的支撑力与舒适感。这样，无论什么坐姿，都能为使用者的脊椎减轻压力，提升舒适度。

三、可调的扶手高低位置

扶手的高度与位置应根据不同使用者的体型和需求进行动态调节。使用者可以根据手臂长度和需求调整扶手，以获得最合适的支持。

四、可调座位倾斜度

部分椅子的设计允许使用者调节座椅的倾斜度，以提供最佳的支撑感。使用者可根据自身活动需求与偏好调整座椅倾斜度，获得最佳的工作姿态。

五、可调的腰托设计

腰托对于使用者脊椎的支撑以及提升舒适度是必不可少的。部分椅型的设计提供了可调节的腰托，这能促使使用者因应需求，调整腰身曲线，以提供更适当的支撑力，降低对腰部的压迫。

六、加入空气动力调节机制

椅子可采用空气动力调节机制，通过空气压力来调节椅子的高度。使用者可以通过简单的按键或手柄，快速、准确地调整高度。

七、机械的调节机制

椅子还可以采用机械调节机制，例如螺旋装置或杠杆系统。使用者可通过旋转螺旋装置或移动杠杆来调节座椅高度、椅背角度及扶手位置。这类机械调节机制通常具有较高的耐用性和稳定性，适合长期使用。

八、可锁定机制

为了提供稳定性和安全性，一些可调节椅子的设计还配备了可锁定机制。使用者可以将椅子锁定在恰当的位置，以防不小心移动或调整。

九、用户友好的调节控件

椅子应配备操作简便、直观、易于使用的调节控件。其按钮、旋钮、手柄及触摸屏等控件应具有直观的操作界面和标识，使使用者能轻松调整椅子的各个部分。由于使用者的体型、身高、体重及年龄各异，椅子的设计必须充分考虑这些多样性因素。例如，椅子的座深、座宽和可调扶手高度设计应适应不同体型和身高的使用者需求。通过考虑使用者的多样性，椅子在功能性和舒适性上能表现得更加出色。

椅子设计也要考虑对协同工作场景的支持，尤其是在办公及团队工作环境中。在这些场景中，应以方便团队成员之间的相互沟通与合作为前提，促进协作的顺利进行。这要求椅子的可移动性和互动性必须达到一定的水平，以支持各方的交流与协作。因此，可旋转的座椅基座是一个理想的选择，也可以设计可堆栈的椅子，以节约空间。

上述设计都能在一定程度上提高椅子的实用性与便捷性。此外，与其他办公家具的协调也是椅子设计中需重点考量的因素，具体而言，椅子高度需与合作桌子的高度相匹配。这样，在基于桌子、椅子的配合操作计算机、书写或其他工作时，能提高使用者的舒适度与办公效率。此外，椅子还有一些特殊使用场景需要特殊设计考量。例如，在观看演唱会、话剧等节目时，坐姿的眼高就非常重要（见图 5.3）。

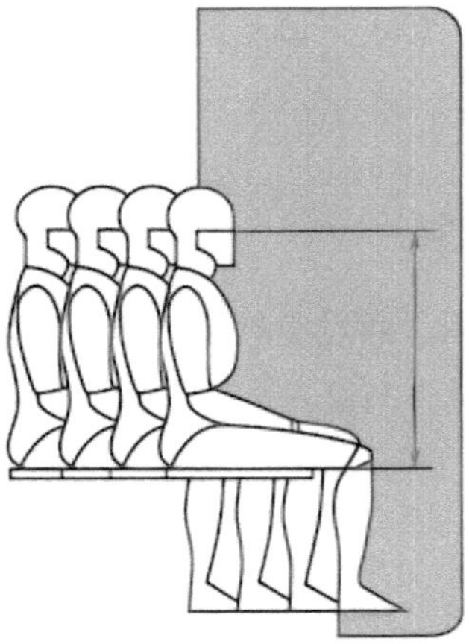

图 5.3　坐姿眼高

这些也是椅子设计时需考虑的因素。通过提供可调节的灵活性设计、考虑使用者的多样性与分异性，以及支持协作环境，椅子所能提供的功能性和工作效率将得到显著提升。这不仅有助于提高使用者的工作效率和舒适度，还能促进团队合作，优化工作效果。在椅子的设计中，改善基于椅子的工作流程优化，进而提高功能性和工作效率，是椅子设计的最终目的之一。为此，应将在工作中常用的工具和设备设置在便捷、显眼的位置，方便使用者获取。基于上述思路，设计师为椅子加上了各种储物袋、置物架或可移动的托盘，方便使用者随时使用，从而节省寻找物品的时间和精力。通过这种方式，提高办事效率的椅子设计在现今社会极其重要。另外，椅身的构造优化还能为使用者创造流畅的工作流程。例如，为椅子加入可旋转的功能，可以提升使用者对不同工作任务的方便性。另外，还能将椅身设计成可支持使用者进行跨越式动作的架构，并基于人体工学原理来提升使用者的舒适度和高强度使用的可靠性。人机交互的优化是椅子设计中另一项不得不重视的功能。设计者通过增强椅子的人机交互性，可以为使用者提供便捷的多媒体操作和任务执行的工作环境。例如，通过将椅子与计算机连接，使用者可以利用无线传输和相应的控制功能，在椅子上轻松完成多媒体调节、资料查阅等操作，无须频繁起身，从而提高工作效率。

在人机交互的实际应用中，常见的是在车辆的驾驶位置的椅子。使用者在驾驶过程中需要调节车辆的音响、温度、灯光等功能。因此，驾驶位置的椅子设计必须考虑到驾驶员的各种动态需求，并确保驾驶员在操作这些功能的全过程中安全、高效（见图 5.4）。通过优化工作流程和强化人机交互的椅子设计，椅子在功能性和效率上都得到提升，进而提高使用者的工作效率，减少疲劳感，营造更为舒适、高效的工作环境。

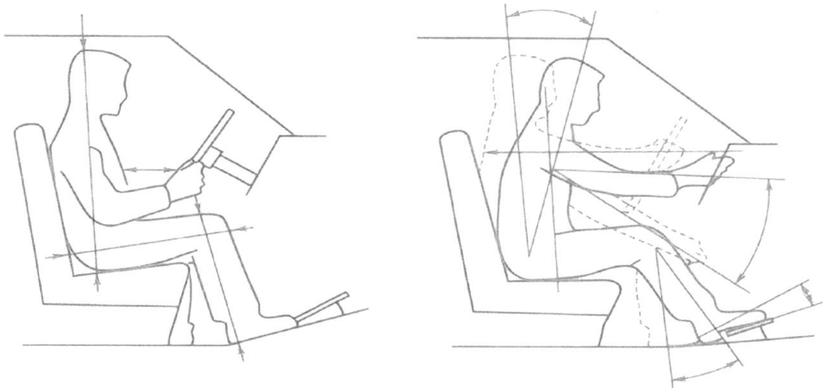

图 5.4　驾驶位设计与人因工程学

安全性与稳定性的综合评估

在椅子的设计过程中，对其稳定性与舒适性的考量同样十分重要。杨东旭的研究表明，明朝时期的椅子设计特别讲究结构美学和材质美感，体现了当时设计者对人体工学的重视。（杨东旭，2016）例如，明式椅类家具的整体造型借鉴了传统建筑的“侧脚”结构，即上窄下宽，这种设计不仅增强了椅子的稳定性，还从视觉上纠正了透视带来的不稳定感，提高了使用者的安全感。此外，明式椅子的搭脑、扶手等设计也符合人体工程学原理，能够提供更好的支撑和舒适度。现代椅子设计则更加注重满足不同场景下的使用需求。刘云月的研究指出，现代设计师通过理解使用者的需求，不断优化材料与结构，从而提升椅子的舒适性和实用性。现代椅子设计不仅关注人体工程学，还强调材质的舒适性和耐久性，以及设计的美观性。这种设计的迭代反映了设计师对使用者需求的深刻理解，使椅子在满足舒适性的同时，也具备了良好的稳定性和安全性。在设计椅子时，安全性与稳定性是不可或缺的考虑因素。为确保椅子的安全性和稳定性，需要保证材质、制造工艺以及结构设计的稳定性，同时充分考虑人体工学原理。

一、结构设计

椅子结构的工程设计须充分考虑其强度和稳定性。在结构设计中，须合理考虑预期使用负荷以及力的分配方式，避免椅子倾倒。

二、稳定性

为使椅子保持稳定状态，应合理布局其重心，以防止椅子倾斜，导致使用者摔倒。椅子的螺栓、螺丝钉、焊接点等关键衔接部件和位置，必须能有效保证椅子的稳固耐用，因此其强度要足、可靠性要高。这些衔接件和位置在使用中所承受的应力和负荷必须满足要求，并经过严谨的工程计算和实验。

三、螺栓和螺丝

椅子各部件之间需要用足够的螺栓和螺丝钉进行衔接，以保证连接的紧实和稳固。螺栓和螺丝钉必须达到相关的强度标准，安装和紧固的流程必须正确。

四、焊接点

若座椅采用焊接结构，焊接点的强度与可靠性必须通过合适的焊接工艺和质量控制来保障。应对焊接点进行适当的检测与检验，确保其质量符合相关标准。为保证使用者的安全，在椅子设计时还要充分考虑对使用者的安全教育，以及辅以明确的警示。

五、使用者安全教育

在使用者使用椅子的过程中，应提供明确的使用说明和指南，引导他们正确地使用椅子。这些说明和指南的重点是要注意椅子的最大承载能力和使用姿势的正确性等。

六、警示标志和标识

在椅子表面等显眼的位置，应设置重要的警示标志和标识，如最大承载能力、禁止倾斜、禁止攀爬等。这些警示标志和标识需易于辨识和理解，以更好地避免潜在危险的发生。在椅子设计中，材料选用与质量控制也是影响椅子安全可靠及稳定性的因素之一，以兼顾使用者的使用感受和持久性。（张为、张晓，2011）

七、材料选择

材料的选择在很大程度上决定了椅子的安全性。材料必须具备足够的强度和耐久性，确保所受的应力与负荷的持久稳定。（董苏等，2011）同时，椅子设计的材质选择还需考虑舒适性和人体工学的相关因素。例如，椅子的基础结构框架和支撑部件应选择高强度、耐用的材料，而相对应的座椅与靠背材质则应注重人体工学的相关指引，以提高使用者的体验满意度。

八、标准和规范

为了规范椅子的设计与制作，国家有关部门出台了相应的行业标准和规范。规范的内容包括椅子的结构强度、稳定性、耐久性等几个重要方面，并设置了具体的指标或制作方向引导。遵循这些行业标准和规范的指引进行椅子设计与制作，能确保椅子达到既定的安全性要求。

九、质量控制

保持椅子的质量安全及稳定的关键在于执行严格的质量控制措施。每一把椅子在制造之前，必须经过严格的质控措施的考核与把关，包括材料强度检验、设计合理性检验等，确保其符合相关标准和规范的要求。通过合理的材料选择、相关标准与规范的设立，以及严格的质量控制，可以为使用者提供可靠的支撑，有效避免椅子在使用过程中出现安全事故。

满意度与用户体验的维度

当代椅子的设计越来越注重使用者的体验与满意度，特别是在结构材料和人因工程的应用上。如今，椅子的支撑材料多采用木材、金属、塑胶等硬质材料，而与人体直接接触的部分则倾向于选择更加柔软的材质。同时，现代材料技术的发展为这些设计目标的实现提供了更多可能性，例如记忆泡沫和人体工程学曲线支撑系统的应用，大幅提升了椅子的功能性和舒适性。此外，当代的椅子设计中，永续设计也成为重要一环。设计师越来越注重使用可回收的材料和可持续的生产方法，这不仅符合环保要求，也符合新一代消费者的期望。因此，椅子设计不仅满足多功能、舒适和安全的需求，也日渐成为反映社会重视环境责任的载体。这与人因工程强调的人性化设计相契合，即产品的设计应聚焦于提高人们的生活质量，让人类从中受益。椅子的外观设计与材质选择对使用者体验和满意度的提升具有直接且重要的影响。具体而言，椅子外观的色彩搭配以及与特定材质的结合，需符合使用者的心理与视觉需求，以提高使用者的认可度与好感度。

一、外观设计

在椅子的外观设计中，不仅需要考虑传统的美学因素，还需兼顾当代使用者的喜好。通过视觉上的吸引力设计，能有效提升使用者对产品的满意度。此外，椅子的外观设计还需匹配其功能性和具体的使用场景，创造出和谐的整体效果。

二、材质选择

材质的选择在提升使用者体验上尤为关键。椅子的材质不仅要具备良好的舒适度，还应易于清洁。不同部位对材质的要求各异，因此需要根据具体功能进行合理选择。此外，材质的质量和可持续性也是需要考虑的重要因素。通过科学的材质选择，既能确保椅子的耐用性和环保性，又能为使用者带来更好的体验。综上所述，椅子的设计需在外观、材质与功能性上达到平衡，才能有效提升使用者的体验与满意度。这种多维度的设计方法，不仅关注无障碍设计和可持续性，满足了使用者的需求，也体现了现代社会对产品设计的更高要求，从而成为提升使用者体验和满意度的关键因素之一。

三、无障碍设计

椅子的设计应充分考虑不同使用者的需求，尤其是身体不便的人群。通过设计可调节高度和坐垫软硬度的椅子，最大限度为残障人士提供更舒适的坐姿支持。这种设计结合了人体工程学原理，强调尊重使用者的异质性，进而提升椅子在实际使用过程中的便捷性与舒适度，显著提高使用者的体验满意度。

四、可持续性

在现代设计中，可持续性已成为必须重视的关键要素。在椅子的设计过程中，可以通过采用环保材料和降低能耗等措施，减少对环境的负面影响。可持续性设计既符合环保要求，又能体现设计和生产企业的社会责任，因此得到了越来越多使用者的认同与支持，这是现代设计的发展趋势。社会文化因素同样应被纳入椅子设计的考量范围，以提升使用者的体验满意度。（山娜，2022）例如，在不同的社会文化背景下，使用者的坐姿习惯及审美观念可能存在显著差异。有些文化可能偏好柔软、宽大的座椅，因此在设计椅子时需要契合使用者特定的文化期望，充分考虑其独特的需求和喜好。最终，设计师在产品设计过程中，应考虑椅子可能使用的文化背景，充分尊重并融合这些文化背景的要点，以满足全球化背景下的多样化市场需求。

综合来看，当代椅子设计整体趋势，是在满足实用性与舒适性的基础上，强调环保、可持续性以及社会责任，旨在通过创新和细致的人因工程设计理念，优化椅子的舒适性与功能性，需要在大量人体测量数据的基础上进行科学的实验分析，以提升使用者的整体使用体验，从而使椅子使用者的满意度不断提高。在现代家具中，椅子的设计特别强调人因工程学，尤其是人体工学的应用，旨在提升使用者的满意度。通过深入分析人类的生理、心理和行为特征的共性与差异性，设计师能够设计出既美观又符合人体工学原理的椅子，这不仅优化了使用者的坐姿，还能有效提高工作效率和生活质量，减少因不良坐姿带来的生理疾病，最终提升使用者的满意度。

第六章

椅子与工程技术

椅子与工程技术概述

椅子作为频繁接触的家具之一，在日常生活中扮演着不可或缺的角色，在家具设计领域占据着核心位置，一直以来受到设计者的高度重视。芬兰著名现代设计巨匠伊马理·塔佩瓦拉（Imari Tapiova, 1914）曾说："椅子设计构成了室内设计的基点。"这句话彰显了椅子在室内装饰布局中的核心地位。鉴于此重要性，历史上许多建筑师与设计师亲自设计椅子，以英国工艺美术运动的先驱威廉·莫里斯（William Morris, 1859）为例，他专为其住宅"红屋"量身定制了一整套家具，其中椅子就是不可或缺的组成部分。此外，一些前卫的家具设计者正在积极探索材质与技术的新边界，力求在现代椅子设计中创新表现手法，开创新的设计语言及审美理念，进一步巩固了椅子在室内设计整体结构中的关键作用。在椅子设计的演进过程中，材质与技术是两大决定性要素。材质作为设计构思的实际载体，其选择直接关乎设计的可行性与实现度，而技术则是将设计理念转化为实体产品的桥梁与支撑，二者缺一不可。缺乏适宜的材质，就如同精妙的烹饪缺少食材，设计创意将仅停留于理论层面，无法实现物理形态的转化；同样，技术的短板会限制设计师对椅子形态与功能的精确表达，即便是极具天赋的家具设计师也难以独立创造出既实用又美观的椅子作品。技术进步不仅能确保设计意图的准确实现，更能在艺术表现层面对设计作品进行升华，进一步拓宽美学与功能性的融合边界。在家具设计的广阔领域中，材料与技术是塑造设计表现力的双轴核心，为设计师提供了丰富的创意实现途径。随着材料种类的不断丰富与技术手段的持续革新，现代椅子设计展现出多维度的视觉形态，反映了设计界的蓬勃生机与多样性。社会进步与生活水平的提升，促使公众对坐具的需求日益增长，不仅追求外观的美学吸引力，还愈发注重其功能性与舒适性。这一趋势激励设计师在材料选取上趋向多元化，在技术应用上则更加注重科学性、理性和人性化，凸显出材料与技术在椅子设计中的决定性影响。自 20 世纪中叶以来，设计师对椅子设计的热情日益增长，不断探索材料与技术的边界，旨在达成形式与功能的完美结合。设计大师如米斯·凡德罗（Mies van der Rohe, 1929）、勒·柯布西耶（Le Corbusier, 1928）、阿尔瓦·阿尔托（Alvar Aalto, 1932）及维诺·潘顿（Verner Panton, 1967）等，均致力于材料与技术的创新突破，共同推动了家具设计美学价值的重塑。在这一时期，材料的选择标志着设计史上的重大转折，从 20 世纪 40 年代末的模压胶合板到 50 年代中叶的黑锻铁，以及斯堪的纳维亚优质木材与新兴化学合成材料的应用，极大地拓宽了椅子设计的创意空间与实用性边界。同期，技术领域的革命性进展也为椅子设计注入了新的活力。其中包括 40 年代的先进胶合材料弯曲技术、热压成型技术，以及具有里程碑意义的"可弯曲木材技术"等，这些技术的涌现不仅革新了材料处理方式，更为现代椅子设计开辟了前所未有的创新可能，深刻影响了设计语言与美学表达，共同书写了家具设计史上辉煌的一页。

椅子与先进成型制造技术

一、气体辅助注塑成型技术

气体辅助注塑成型技术的起源与演进历程可追溯自对中空塑胶制品成型工艺及其质量优化的长期探索。早在 1944 年，奥帕夫斯基（Opavsky）首次尝试将气体或液体注入树脂中，以期提升产品质量，尽管实践未能成功，却奠定了气体辅助成型概念的基础。而今广泛认识的气体辅助注塑成型技术体系，则发源于 20 世纪 70 年代中叶。德国工程师恩斯特·弗里德里希斯（Ernst Friedrichs）于 1975 年开创性地引入了该技术，其原理涉及高压气体通过喷嘴注入熔融塑胶，以促进塑胶与模具壁面的充分贴合。初期由于技术的局限性，该技术并未立即获得广泛关注。直至 80 年代中叶，随着技术逐步成熟，气体辅助注塑成型技术才真正迎来发展的春天，并被广泛应用。在此期间，欧洲涌现出 Cinpress、Battenfeld、Ferromatik、Stork、Engel 及 Johnson Controls 等一系列设备制造商，它们不断优化这一技术，推动了整个行业的技术革新。气体辅助注塑的核心在于将高压氮气通过精密的主辅控制器（分段压力控制系统）直接注入模具腔内正处于塑化状态的塑胶原料中，促使塑胶内部膨胀形成中空结构，同时确保产品外部形态的完整无瑕。1985 年，该技术首次成功应用于大规模生产，自此气体辅助注塑成型步入了快速稳定发展的阶段，并逐渐迈入技术演进的深层次阶段。其诞生的初衷是为了应对由缩水导致的表面缺陷问题，通过在注射过程中适时注入微量气体来维持内部压力，确保聚合物在模具开启前即完成充分冷却。如今，得益于高精度计算机控制系统的应用，即便是长且结构复杂的部件也能精确制造，生产周期依据材料特性和流动性的微调而有所不同，展现了高度的灵活性与适应性。

1. 气体辅助注塑的原理

第一阶段：将塑胶料流初步导入至模具腔内，但刻意保留部分空腔未填充至满溢状态。第二阶段：启动气体注入程序。此过程在半熔融态塑胶中诱发气泡生成，并促使其沿模具深部延伸。同步实施塑胶与气体的协同注入策略，能够提高材料分布的更高均匀度，实现类似于黏弹性泡沫的流动特性，使其即便在细长型腔构造中也能维持恒定气压，从而保证壁厚的一致性，理想状况下可达 3 毫米或以上。第三阶段：转而关注塑胶冷却凝固期间的操作，通过持续维持气体压力供给，有效抑制材料收缩现象。此策略利用气体轻柔的压力辅助，引导塑胶在模具腔各部位均匀铺展，同时减小气体直接对塑胶施加的作用力，确保成品的尺寸稳定性和结构完整性（见图 6.1）。

气体辅助注塑的优点：优化表面完整性——消除凹陷现象；缓解翘曲形变问题——在标准注塑工艺中，保压步骤虽能有效遏制成品凹陷与缩水等瑕疵，但也可能引入额外内部应力，进而触发翘曲现象。而外置气体辅助注塑技术则通过在外壳表面施加气体压力直接干预，能够成功规避凹陷与缩水问题，避免内部应力累积，显著改善翘曲变形的弊端；降低合模力需求——该技术直接借助气体作用于制品表面，避免传统注塑路径中流道与浇口导致的压力损失，因此无须提升保压压力来补偿能量损耗，进而使所需的合模力大幅度降低；缩减成型周期——由于保压步骤在此技术中被有效替代，整体注塑生产周期得以显著缩短；针对传统注塑局限性——外置气体辅助注塑技术展现出独特优势，尤其适用于以下三类特征的产品设计。①具备单面平滑要求的产品：气体被巧妙地介入驻模具壁与熔融材料之间，确保产品背面维持平整无瑕，防止凹陷出现；②缺乏加强筋或厚度均匀性设计的产品：即便在缺乏宽大加固结构及面临厚度不均挑战的情况下，该技术同样能有效提升产品表面光洁度，消除凹陷；③追求无气泡结构的产品：由于气体并未直接注入塑胶之中，因此从根本上杜绝了成品内部气孔的形成，提升了成品的密实度与质量。

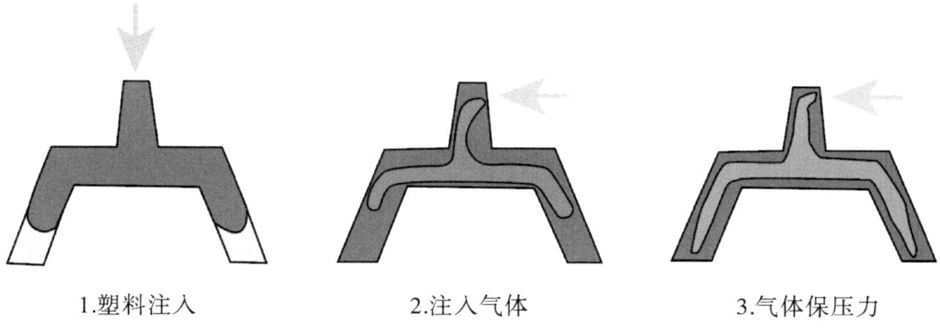

图 6.1　气体辅助注塑技术过程

2. 气体辅助注塑的发展

塑胶注射成型技术的迅速进步探索了多个创新方向，其中之一便是采纳气体辅助注塑系统来增进制品质量和经济效益。然而，内部气体辅助注塑技术遭遇了应用局限，即难以适用于仅具备单一外露表面、包含立柱结构或设计中涉及截面变化的平面注塑制品。为了克服这些局限并进一步推进气体注塑技术发展，研究与实践已将经典的内部气体辅助注塑技术进行革新。传统内部气体辅助方法涉及气体直接穿透并注入塑胶熔体中，而外部气体辅助注塑技术则采取了一种新颖策略，即精选产品表面特定区域，将气体介入驻模具壁与熔融塑胶之间。这一技术革新不仅直接于塑胶冷却表层施加压力，有效抑制了冷却过程中可能产生的银纹现象，还显著减少了因空腔效应导致的翘曲变形，从而为复杂几何形状和美学要求较高的塑胶制品提供了更为先进的制造解决方案。

3. 利用气体辅助注塑制作塑胶椅子

采用气体辅助注塑技术按照三阶段工艺步骤，可以实现椅子的注塑，制作多功能椅。20 世纪 60 年代初，意大利籍艺术家与产品设计先驱乔·科隆博（Joe Colombo，1965）聚焦于单一成型椅子的生产工艺探究，引领了一场设计革新。他创造性地选用强度与韧性兼具的 ABS 塑胶作为基础材料制作椅子（见图 6.2），这一选择不仅催生了多功能椅的概念，还为家具设计领域引入了全新的可能性。这些椅子以其鲜明生动的色彩和流畅圆润的线条设计，与当时的波普艺术产生了强烈的视觉共鸣，体现了科隆博作为“未来生活环境构想者”的前瞻视角。科隆博在追求椅子形态美学的同时，也勇于挑战功能上的常规界限，他设计的椅子通过采用可拆卸旋转式椅腿，实现了功能上的灵活转换。这一设计不仅允许椅腿便捷替换，还首次引入了高度调节机制，使得同一把椅子能够轻松适应从餐厅到酒吧等不同场景中对座椅高度的需求转化，开创了“一椅多用”的全新设计理念，展现了设计与实用性的完美融合。

图 6.2　多功能椅

二、管材弯曲成型技术

管材弯曲成型技术是一种广泛应用于家具制造业、汽车工业及建筑业的加工方法，旨在构建连续而平滑的金属构造元件。该技术主要通过两种方式进行操作：一是利用旋转模具中的芯轴对管材施加强力弯曲，以形成急弯或大曲率角度；二是借助一系列精心配置的滚轮之间的交互作用，渐进地诱导管材延展，形成起伏的长曲线形态，从而满足不同领域对复杂管状结构的需求。此技术凭借其灵活性与精确性，在构建兼具美学与功能性的金属部件方面展现出显著优势。

1. 管材弯曲成型技术基本原理

长久以来，建筑师与设计师不断发掘并利用弯曲金属，尤其是钢管的实用与审美潜力，采用成本效益较高的弯曲技艺，充分利用金属材料的延展强度特性。这一加工方式极大地减少了特定应用场景中的切割与焊接需求，从而降低了材料损耗与总体成本。在管材与型材的弯曲处理上，主要分为两类核心技术：芯轴弯曲法与环轧技术。

芯轴弯曲技术特别适用于在金属管内形成小半径弯折，其名称源于加工过程中插入管内以防变形的支撑芯轴。此方法通过在弯曲过程中维持管壁结构的完整性，展示了对细节控制的高度精确性。环轧技术，亦称为型材弯曲，适用于在管材及型材（如挤压型材或棒材）上生成连续且通常是较大曲率的弯形，特别适用于创造流畅的曲线美。具体操作流程涉及将金属管坯料固定于芯轴之上，并通过夹具稳固于模具中（见图 6.3）。非芯轴成型技术则仅适用于壁厚较大的特定部件。随后，坯料随模具旋转而拉伸，芯轴在弯曲点起到支撑作用，防止管壁塌陷，同时压力夹具伴随管材移动，以确保弯折平滑无褶皱。在某些情况下，为防止薄壁型材内部产生皱褶，还需额外使用防皱夹具。最终弯曲成型的半径由旋压模具的尺寸决定，而弯曲角度的大小则取决于材料移动的距离，这一系列精细控制确保了弯曲结构的精确度与美观性。

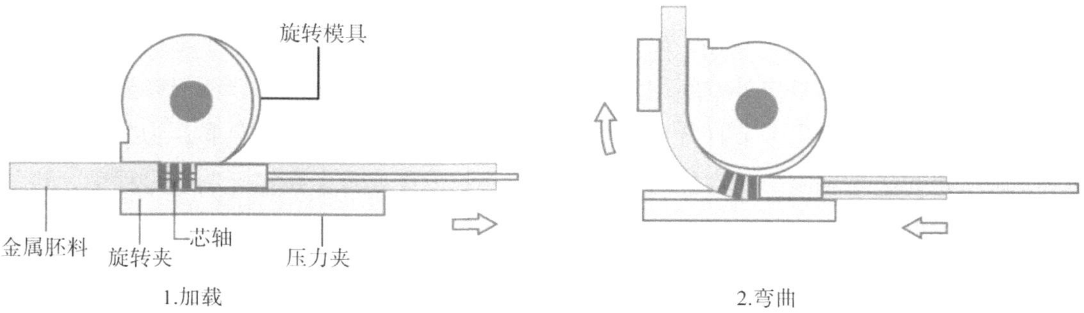

图 6.3　芯轴弯曲技术过程

2. 利用管材弯曲成型技术制作羚羊椅和巴塞罗那椅

（1）羚羊椅（Antelope）（见图 6.4）。“羚羊椅”是经典设计，诞生于 1950 年，是当代主义设计运动的杰出代表，也是英国知名家具设计大师 Ernest John Race 的匠心之作。其初衷旨在为“不列颠节”注入活力，提振战后社会的精神风貌。该座椅系列包括单人与双人款式，巧妙融合了创新材料与功能美学，体现了时代精神。

图 6.4 羚羊椅

在设计上，羚羊椅采用了冷成型钢条构建框架，结构既轻盈又稳固，展现出材料工艺的革新。座面选用了简约的圆形模压胶合板，细腻处理的座位中央设有排水孔，兼顾实用性与细节关怀。色彩方案选取了鲜明的黄、红、蓝及灰四色，赋予产品活泼的时代感。尤为值得注意的是，其腿部设计通过略微外展的钢杆与球状连接件的精妙结合，微妙映射出当时盛行的微观世界——分子与原子结构的视觉意象，这不仅是形式上的美学探索，也是对科学进步的一种致敬。此外，羚羊椅设计注重便携性与通用性，便于堆栈存放，适配多种环境，无论室内还是户外空间均能和谐融入。其流畅的曲线形态，不仅彰显了现代设计的纯粹理念，亦成为皇家节日音乐厅灰冷混凝土阶梯上一抹生动的色彩，为公共空间增添了无限生机与艺术氛围，是功能与美学完美统一的设计典范。在实际制造过程中，羚羊椅所使用的钢管原材料在进入成型工序前，需经历严格的清洗与抛光处理，以确保表面质量。随后，操作人员手工将预处理过的管坯安装至芯轴之上，并妥善固定于压力夹具中。此环节完成后，借助计算机数控（CNC）机械的精确导向，对准管材并依预定序列启动弯曲流程。首道弯曲操作始于设定的起始点，随之管坯在受控张力状态下沿芯轴轨迹旋转推进至第二个弯曲位置，以此类推，直至所有预设弯曲角度逐一完成，整个过程体现了高度的连续性和材料利用率，几乎无多余废料产生。弯曲作业完毕后，操作员需手动移除已成型的构件，并对每一个部件的弯曲精度进行细致检查，以确保符合设计要求。最后，将检验合格的部件悬挂储存，以备后续组装或进一步处理，整个流程体现了对制造精度与效率的双重追求。

（2）巴塞罗那椅（Barcelona Chair）（见图 6.5）。博朗所倡导的理念强调，卓越设计应秉持环境保护意识，确保资源的可持续利用，并高效利用原材料。因此，家居设计不仅要融合实用性和审美价值，还需融入节能的理念。在这方面，著名设计师路德维希·密斯·范德罗（Ludwig Mies van der Rohe）与莉莉·雷奇（Lilly Reich）携手，为迎接西班牙皇室成员而设计了巴塞罗那椅。

图 6.5　巴塞罗那椅

这一作品不仅是对设计美学的致敬，也是对环境责任的践行。巴塞罗那椅采用创新结构，其支撑框架呈优雅的弧形交叉，由不锈钢打造，坐垫覆以高级真皮，这一设计显著减少了对传统木材的依赖。此外，该椅所用的钢管材质及机械化生产技术，不仅提高了生产效率，也使产品价格更加亲民。其简洁的风格使之能和谐融入多样化的环境，成为多场合的理想选择。这种设计体现了路德维希·密斯·范德罗所倡导的极简与功能性并重的原则，同时也是包豪斯设计理念的核心体现。椅垫选用的柔软黑色皮革，以独特的方形块状设计，营造出细腻的纹理感。在柔和光线的映衬下，彰显出家具的现代与弹性质感，实现了功能与美感的平衡。巴塞罗那椅自问世以来，如同一股设计界的新风，不仅在当时引起了巨大反响，更开启了现代简约主义设计的先河。作为金属家具设计的典范，它融合了现代感与经典韵味，自 1929 年投产以来，历经近百年依旧风靡不衰，堪称 20 世纪设计史上的经典之作。不锈钢的闪耀与皮革的温润相互映照，赋予空间以时代的韵律，既适合作为商务场所的尊贵接待家具，也适宜置于家庭的客厅、书房、卧室乃至阳台等多用途空间。其广泛的适用性和长久的生命力在家具史上独树一帜，彰显了其独特的历史地位和设计价值。从设计构思、材料选取到广泛应用，巴塞罗那椅均展现了曲线与钢铁的和谐共生，以及奢华与简约的完美融合。许多博物馆亦将其视为珍藏，足见其在设计史上的重要地位和深远影响。巴塞罗那椅在影视剧中的应用：巴塞罗那椅是最受当代电影喜爱的家具之一，特别是对于那些强调未来感的电影（见图 6.6）。

图 6.6 巴塞罗那椅在电影里出现的部分截图

三、蒸汽弯曲成型技术

蒸汽弯曲成型技术作为一种先驱方法，不仅在钢管加工领域占有一席之地，人们还借用了相似的弯曲技艺原理，将这一技术拓展至木质家具制造中（见图 6.7）。该技术特别适用于那些在经过蒸汽处理和软化后，能够顺应模具进行复杂形态弯曲的特定木质材料。此过程融合了工业化生产技术与传统手工技艺的精髓，专为制造具有紧密弯角及多维度曲率的实木部件而设计，展现了对自然材料形态控制的精湛技艺。概括而言，蒸汽弯曲成型技术大致可分为三大主要技术路径。一种是全手工操作模式，此法能够多轴向自由弯曲，形态变化丰富多样。其余两种则属于机械辅助类别，专注于单轴向弯曲，分别应用于不同类型的曲面构造。其中，“环形弯曲”技术适用于闭合环状结构的生成，如家具的框架和扶手部分；而“开口弯曲”技术则更适用于开放曲线形态的塑造，如座椅靠背的流线形。尽管上述技术在具体应用上有所差异，但其基本操作原理保持一致，包含两个核心阶段。阶段一，通过高温蒸汽处理，使木材纤维软化，增加其可塑性；阶段二，软化后的木材随即被固定于特制模具或夹具上，在外力作用下定型，从而永久保留所需的弯曲形态。多种木材因其特性被广泛应用于不同领域。在蒸汽弯曲技术的范畴内，硬木材质相较于软木材质展现出更高的适应性和优势，尤其是某些硬木种类，因其独特的柔韧属性而更为突出。山毛榉与白蜡木作为典型代表，其纹理细密且弹性卓越，因此在高端木质家具制造业中被广泛采纳。与此同时，橡木凭借其卓越的硬度、长久的耐久性能以及对外界环境的高适应性，成为建筑设计中的常用材料，在户外项目中表现尤其显著。榆木、白蜡木与柳树的组合因其独特的交错纹理结构，加之轻质与自然防水特性，成为造船业的优选材料，强化了水上交通工具的结构稳定性和耐候性。枫木作为一种集美观性、耐久性与优异弯曲性能于一体的木材，在乐器制造领域占据了重要位置，尤其对于要求音质与外观并重的木制乐器而言。此外，桦木、胡桃木、落叶松、山胡桃木及杨树等，也是蒸汽弯曲工艺中值得瞩目的材料选择。这些材质不仅丰富了可设计的范围与可能性，还各自带来了良好的加工性、美观的纹理或稳定的物理性能等额外优势，进一步拓宽了该技术在不同领域中的应用边界。

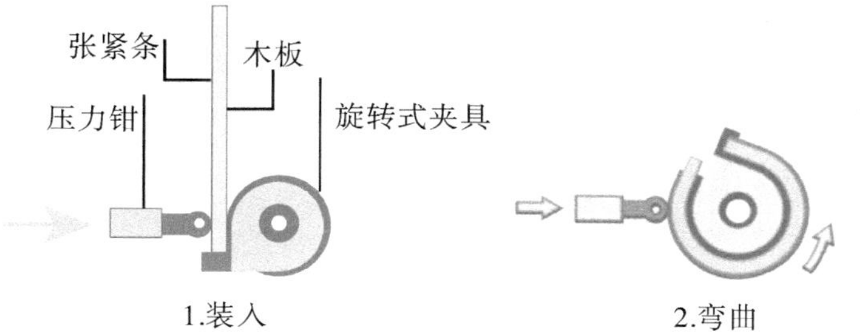

图 6.7 蒸汽弯曲成型技术过程

1. 蒸汽弯曲成型技术注意事项

现代生产技术的进步已显著提升了加工精度，有效减少了回弹现象，同时增强了制品的一致性。鉴于木材本身的异质性和独特性，每一片木材都是独一无二的，因此在组装过程中纳入适应性设计至关重要。在采用蒸汽弯曲成型技术时，制品完成弯曲后必须进行固定，以防止随时间推移而发生的形态回复现象，确保形态的持久稳定性。所有关于木材轮廓的初步切割工作应当在弯曲处理前完成，因为相比于处理已弯曲的物件，这种方式更为简便且经济高效。然而，简单的形态调整与接缝处理则可在弯曲工序之后实施。在曲木加工中，截面轮廓多选用方形或圆形设计，这些简单形状更易于弯曲成型。对于复杂的曲面及曲线设计，则需谨慎考量，尽量规避。锥形工具的运用在弯曲过程中颇为常见，以辅助成型，比如在小半径弯角处采用较薄板材，而在需要强度的地方则改用较厚板材。最小弯曲半径的确定依据木材的尺寸和种类而定。木材作为一种自然复合材料，主要由木质素和纤维素构成。为了达到弯曲所需的柔韧性，必须通过热机械蒸汽处理来软化（塑化）木质素，以减弱纤维间的连接强度。一旦木质素达到足够的柔软状态，即可着手进行木材塑形。木材在定位后，通过木质素的硬化过程来固定形状，此过程在干燥室内进行，耗时数天，具体时长取决于木材的尺寸和种类。整个工艺流程高度依赖于预设的张紧带，这些张紧带固定于木板边缘，旨在减少边缘的拉伸变形，通过压缩效应实现木材的精确弯曲成型。

2. 利用蒸汽弯曲成型工艺制作桑纳第 14 号椅

桑纳第 14 号椅（见图 6.8），这一设计里程碑归功于 19 世纪的奥地利家具设计巨匠迈克尔·索耐特（Michael Thonet）。他在 1830 年取得了突破，革命性地优化了利用蒸汽热弯实木的技术。这款标志性椅子的构造极为精简，仅需六片经过蒸汽弯曲处理的木质组件、十枚螺丝以及两个螺母即可组装完成，充分展现了材料与工艺的高效利用。

图 6.8　桑纳第 14 号椅

在制造这些木制构件的过程中，索耐特采用了创新的工艺。首先，选取优质的山毛榉木条，将其加热至约 100 ℃的高温，随后置入预先设计好的铸铁模具中，利用热塑性使木材精准地弯曲成型。完成弯曲后，这些部件会在约 70 ℃的温度下进行长达 20 小时的烘干处理，以确保形态的稳定与持久。这一系列工艺的创新不仅大幅提升了生产效率，还为工业化批量制造家具奠定了基础，开启了现代家具设计与制造的新纪元。具体到工艺流程，它包括以下几个核心步骤：木材预处理、高温蒸汽软化、模具成型、精准定型、低温烘干以及最终的装配整合。这一连贯而高效的流程，不仅展现了对材料特性的深刻理解，还体现了对工业生产效率的前瞻思考，为后世的家具设计与制造树立了典范。在椅子的制作中，山毛榉木材被视为首选材料。当木材的含水量达到 25% 的状态，这被称为木材的“半干”阶段，此时适宜进行初步加工。半干木材因其较高的可加工性，相较全干木材更易于切割，故首先被裁切成所需长度。接下来，半干木材在车床上进行初步塑形，其中方形或圆形截面的部分需先在 60 ℃的温水中浸泡 24 小时，以软化材质，随后在 104 ℃、压力为 60 千帕的环境中蒸煮 1 ～ 3 小时（蒸煮时间依木材尺寸而定），此过程旨在确保木质素充分塑化，便于弯曲而不破坏其结构。木质素塑化后，木材进入可塑性增强阶段，但若拉伸超过 1%，则可能导致木材断裂。因此，椅腿和靠背部分需由两名工匠协作手工弯曲，并借助夹钳固定于张紧条内，以限制木材的外展并控制扭曲。张紧条的双重功能在于约束纤维的过度拉伸及管理木材扭曲，确保同步操作以维持弯曲的一致性。随后，将弯曲部件放入 80 ℃的干燥室中静置两天，木材水分降至约 8%，具体时间依部件截面积而定。干燥完成后，部件从夹具中取出以便重复利用，并用铅笔标记木材中心，确保在夹具中的对齐，这对于避免因锥化而无法精确组装导致的废品至关重要。除了手工弯曲，还有两种机械辅助方法：环形弯曲和开口弯曲。座椅和扶手部分采用环形热弯技术处理，扶手处同样在受控张力下操作，防止纤维拉伸。弯曲件固定于夹具后，同样经历两天的干燥室处理，随后取出，弯曲形态得以保持不变，展示出不同弯曲技术在椅子制作中的综合应用。这款专为咖啡馆设计的座椅，德语中称为 Konsumstuhl Nr. 14，是全球首例采用工业化批量生产方式制造的家具单品，象征着基于大规模机械化生产的现代设计时代的到来，被誉为“椅中典范”。体现了 19 世纪末至 20 世纪初家具设计与制造的巅峰成就。1867 年巴黎世界博览会中，桑纳第 14 号椅子荣获金奖，至今仍然是设计领域内公认的杰作。

四、高压压铸技术

高压铸造作为一种广泛应用的制造技术，是快速成型非铁系金属零部件的优选方法。此过程涉及将熔融金属在高压条件下注入模具腔内，以形成所需部件。高压环境的运用，不仅使得制造微小尺寸、薄壁厚、结构复杂及表面光洁度高的部件成为可能，还极大地提升了铸造的精确度与一致性。然而，鉴于高压铸造所需的模具和相关设备具有较高的成本投入，这一技术通常限定于大规模生产场景，以实现经济效益，确保成本效益。

1. 高压压铸技术基本原理

高压压铸技术的执行方式分为热室工艺与冷室工艺两种，其主要差异在于热室工艺直接将熔融金属从熔炉传输至模具腔内。此过程所采用的机械设备规格广泛，锁模力介于 500 ~ 3 000 吨，具体需求量依据待制造部件的尺寸及结构复杂度而定。金属原材料（锭块与碎屑）在持续运行的熔炉中（每日 24 小时不间断）共同熔化。冷室工艺的第一阶段涉及使用坩埚计量熔融金属量，并将其转移至注射筒内暂存。而在热室工艺中，注射筒直接与熔炉相连，液态金属在高压驱动下经由活塞注入模具腔，直至材料固化，其间保持恒定压力。模具内部的水冷回路设计确保模具温度低于铸造合金的凝固点，从而加速冷却过程。第二阶段涉及部件的冷却，其持续时间依据零件尺寸可从数秒至数分钟不等，直至充分固化。该工艺与注塑技术在若干技术考量上呈现出共通之处，包括加强筋的设计、合理的拔模斜度、凹陷处理、外部特征的整合、模具填充流动路径规划及分型线的设定。在零件设计阶段，需全面考量铸造流程的每一环节，从模具制造直至最终精加工，确保在设计初期即充分沟通并明确客户的技术需求，以期达到最优设计成果。此工艺尤其适用于小型零件的制造，因对于重量超过 9 千克的大型零件，所需钢制模具体积庞大且成本高昂，加之侧向抽芯等附加操作会显著提升模具造价。然而，若能通过增强设计减少壁厚而不失强度，则此类特征的加入反倒有利于成本效益的提升。压铸技术主要适用于有色金属材料的加工，由于黑色金属较高的熔点限制了其在该工艺中的应用，因此倾向于采用熔模铸造或砂型铸造等液态成型技术，以及锻造等固态成型手段。具体而言，压铸工艺涵盖了铝、镁、锌、铜、铅和锡等多种有色金属。其中，铝和镁因具备优越的强度重量比，在消费电子产品的制造中日益受到青睐。它们展现出在高温条件下的尺寸稳定性，具备良好的耐腐蚀性能，并可通过阳极氧化处理实现表面防护和色彩着色，进一步拓宽了其应用领域。

2. 利用高压压铸技术制作 Chair One 椅

Chair One 椅是一款由著名设计师康斯坦丁・格里克（Konstantin Grcic）于 2001 年为知名品牌 Magis 精心打造的作品（见图 6.9），其从设计草图到成品的实现经历了三年的沉淀。该设计专门针对高压铝合金铸造工艺定制，而铝合金作为此工艺中广泛应用的优选材料，受到铸造工厂的青睐。生产流程始于原料阶段，可能源自回收库存的铝合金在保温炉中熔化，并与铸造过程中的废弃物相融合。一个特制坩埚下降至保温炉内，以精确测量并收集定量的熔融金属，随后将这批熔融金属转移至压射缸，并通过高压活塞的推力注入模具腔内。该制造设备具备 13 千牛顿的锁模力，恰好满足 4 千克重量座椅座部铸造的严格要求。在铸件于模具内静置两分钟后，模具开启，显露出的固化部件由机械臂拾取。紧接着，模具进入下一个循环，进行蒸汽清洁与润滑准备，同时铸件浸入水中进行深度冷却，以确保彻底固化。随后，去除多余边缘及浇道系统，并将回收的废弃物直接反馈至保温炉中以进行再利用。尽管 Chair One 椅自身已具备非常细腻的表面质感，但通过抛光处理可进一步提升其光泽度。在模具中集成嵌件以装配不同腿部组件，展现了设计的灵活性与模块化特性。

图 6.9 Chair One 椅

Chair One 由德国工业设计大师康斯坦丁・格里克（Konstantin Grcic）匠心打造，其设计精髓在于巧妙融合了铸造铝合金技术，通过多面体的几何表达，迅速塑造了其作为设计界标志的地位。该作品灵感直接取自足球的构造理念——众多小型平面板块的集合构成三维实体，体现了从微观单元到宏观形态的集成美学。“正如足球由无数片面板拼接成球体，Chair One 的座面与背靠亦是由繁复的镂空平板拼组而成，构筑出独特的立体架构。”（Konstantin Grcic, 2003）其棱角分明的几何椅背设计，不仅映射出后工业时代的冷静理性，还彰显了男性设计师特有的力量感，赋予坐者如同鸟栖巢般的庇护体验。彼时，铝合金高压铸造技术对于设计者与制造商双方而言，皆属前沿探索，这一案例再度强调了技术创新在推动设计领域进步中的核心作用。该椅以其简约抽象之美、均衡协调的形态，以及三角形网格结构对铝合金材质工业感的微妙柔化，展现出前卫而不失精致的造型语言。其多功能性与环境适应性——既适宜室内，亦适合户外使用，进一步巩固了康斯坦丁·格里克的设计哲学。尽管其外观如同精密计算机制图的产物，但实际上，Chair One 椅的原始模型历经设计师手工艺的反复琢磨与调整，体现了从手工到现代技术的完美过渡。该作品凭借其简洁线条下的极致舒适性，成就了一件跨越时间的经典设计。2006 年，此杰作更助力格里克荣获德国国家级设计奖项，进一步肯定了他在设计领域的杰出贡献。

五、压模夹板技术

压模夹板技术，学理上称为层压木质复合材料制造工艺，是一种通过在极端热力与机械压力条件下，将厚度仅为 1 毫米的微薄木片黏合叠加，随后经历精确的模具压制与表面处理工序的先进方法。此工艺得益于其原料的经济性和普遍可获取性，同时展现出高度的多样性和美学表现潜力，为设计与制造领域带来了丰富的变化性与创造性空间。尤为重要的是，该技术依托于精密的工程计算，能够优化设计出由七层极薄木片构成的层板结构，实现了轻薄与强度的完美平衡。每一层的布置都旨在最小化材料使用的同时，确保整体结构的卓越稳定性和增强负载耐受性。通过这样的层压整合，制品的边缘稳定性得到显著提升，有效抑制了传统木制品中常见的开裂现象，并大幅提高了木材的承重潜能与耐用度。

利用压模夹板技术制作蝴蝶凳。蝴蝶凳的设计构思精巧，由两片预成形的模压合板通过一个中心轴心对称反向对接，彼此交会在座面下方以螺丝与铜杆固定，其形态宛如一只振翅欲飞的蝴蝶，故得名“蝴蝶凳”（见图 6.10）。此设计于 1957 年在米兰设计三年展上荣获享有盛誉的“金罗盘奖”（Compasso d'Oro），标志着日本工业设计在全球设计舞台上首次显著的突破性亮相。该设计诞生于战后日本经济复苏的大环境下，其形态深植于日本古典建筑的精髓，尤其可以从古代“神道教”建筑中的拱门追溯其设计灵感源头，其构造精妙绝伦，巧妙地将现代主义趋势与日本传统工艺相融合，展现了传统与现代技术的和谐对话。蝴蝶凳不仅是日本现代工业设计的标志性符号，也是东西文化交融的典范之作，见证了跨文化设计思想的交汇与创新。作为柳宗理设计作品中的典范之作，蝴蝶凳的外形以优雅的姿态模拟了蝴蝶翩翩起舞之美，从侧面轮廓到坐面的纹理设计均经过精心雕琢，展现了极致的细节处理。因此，它不仅被纽约现代艺术博物馆（MoMA）和巴黎蓬皮杜中心视为珍贵的艺术收藏品，还永载入其永久馆藏。该设计灵感源自查尔斯与蕾·埃姆斯夫妇（Charles and Ray Eames, 1954）的胶合板家具理念，蝴蝶凳的两片仿佛舞动的翅膀，据传说是偶然间在手工操作中“折叠”而成的形态。这种手工打造的弧度不仅展现出轻盈灵动，还蕴含着温暖的质感，激发了一种触感上的吸引力，令人自然而然地渴望与之互动及使用。蝴蝶凳展现了一种创新的立体形态美学，其设计灵感源自蝴蝶展翅飞翔的瞬间。该设计由两片完全对称的“飞翔”形态的模压合板构成，通过一个中心轴芯巧妙地相互对接，并在座椅底部利用金属螺丝与铜质连接杆加以固定。此构造不仅稳固，且自成一体，确保了卓越的承重性能与耐用性，同时不失为一种经久不衰的家具设计典范。

图 6.10　蝴蝶凳

六、反应注射成型技术

反应注射成型技术是一种先进的工业制造工艺，属于化学反应性塑胶加工技术的范畴。不同于传统的聚合物直接注射成型，此技术采用两种或以上的液态单体或预聚物作为初始原料，依据精确配比混合，通过混料头在加压下实现均匀混合，并实时注入闭合模具内，在模腔内完成聚合反应固化过程，从而形成成品。由于原料的液态特性，较低压力即可迅速填充模具腔体，有效减少了合模所需的压力和模具成本，对于大尺寸制品的生产尤为适宜。反应注射成型技术早期主要应用于聚氨酯类材料，但随着工艺技术的不断演进，其应用范围已扩展至多种材料体系，涵盖环氧树脂、聚脲基、聚环戊二烯等。目前，研究前沿正聚焦于橡胶与金属的反应注射成型技术，预示着此领域正不断探索新型材料与复合材料加工的融合可能性，展现出广阔的研究动态与应用前景。

1. 反应注射成型原理

反应注射成型技术的工艺流程可系统性概述为：起始于液态单体或预聚物的精确计量配比调配，经由输送泵送至混合装置以实现均匀混合。随后，混合后的物料被注入模具腔内，迅速经历聚合反应并固化，待模具开启后即得成型产品。该工艺流程可概括为六个核心步骤：物料储备→比例计量→均匀混合→模具充填注入→固化成型→脱模与后处理（见图 6.11）。

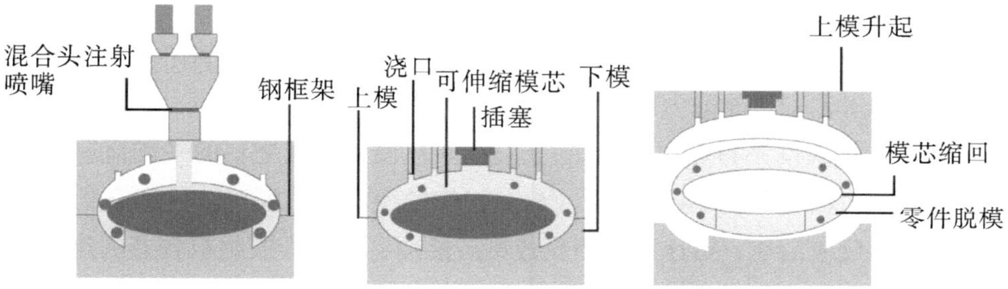

图 6.11　反应注射成型技术过程

阶段一：涉及模具的预备步骤，包括彻底清洁及在内表面涂覆脱模剂，以确保制品的顺利脱模。随后，模具内安装插件与框架，并确保正确就位，然后紧闭模具。在此阶段中，两种热固性聚氨酯原料分别储存在单独容器内，以保持其纯净。多羟基化合物与异氰酸酯在混合头中于高压环境下进行精确混合，随后在低压条件下，将适量的混合液态化学品缓慢注入模具。当注入模具的化学物质相遇后，即刻引发热化学反应，催化 PUR 的生成。

阶段二：标志着聚合物在模具内部的膨胀过程开始，此过程中模具承受的唯一压力来自聚合物自身的体积扩张。因此，模具设计需确保在液态下聚合物均匀分布，随着体积增大，空气被自动排出。通过在浇口塞入塞子，以平衡模具内外的压力，保持工艺的稳定。

阶段三：产品在 5 ~ 10 分钟内完成脱模。整个注射周期，包括脱模、冷却与循环时间，依据零件尺寸与结构复杂度的不同而异。模具的上下两部分离合，芯件被取出。随后，模具接受再次清洁，并为下一循环做好准备。

2. 反应注射成型技术过程注意事项

（1）储存管理：在反应注射成型（RIM）技术框架内，两份基础溶液在恒定的温度条件下，保存至两个独立的压力容器中，这些容器专为维持溶液稳定而设计。在非生产时段，溶液在 0.2 兆帕 ~ 0.3 兆帕的轻度压力下，通过一个包含储存器、换热设备及混合喷嘴的闭环系统持续循环，以确保材料性质的一致性。特别对于聚氨酯材料，其理想储存温度范围设定在 20 ～ 40 ℃，且温控精确度需达到 ±1 ℃的高标准。（2）计量控制：两组份溶液的精确计量作业主要依赖于液压系统的执行，该系统整合了泵、阀门以及辅助元件，形成一套完备的液态物料输送与控制分配缸动作的油液控制系统。在实际注射前，系统还需经历一次压力转换过程，以适配注射阶段所需的特定压力水平。液压定量泵在此环节中扮演关键角色，负责溶液的精准计量输出，其测量精确度目标值为不低于 ±1.5%，在最优状态下应逼近 ±1% 的高精度标准。（3）混合工艺：制品质量的优劣及生产效率在很大程度上取决于混合头的混合效能。一般操作在 10.34 兆帕 ~ 20.68 兆帕的压力区间内，可实现最佳的混合效果，从而保障最终产品的均质性和一致性。（4）充填阶段：反映注射成型中的充模过程特征为高速流动的物料传输。这就要求原材料的黏度保持在较低水平，例如，聚氨酯混合物充模时理想的黏度约为 0.1 帕秒。一旦物料体系和模具规格确定，至关重要的工艺变量缩减为两项，即充模时间与原料的起始温度。值得注意的是，聚氨酯混合物的初始温度不得超过 90 ℃的上限，并且模具腔内物料的平均流速建议不超过 0.5 米 / 秒，以确保良好的充填效果。（5）固化过程：聚氨酯双组份混合物在注入模具后展现出极高的反应活性，迅速完成固化成型。然而，鉴于塑胶材料较差的热传导特性，内部累积的大量反应热难以实时散失，导致内部固化速率快于表面，形成由内而外的固化模式。为了遏制模具腔内温度过高的风险（避免超过树脂的热分解阈值），必须充分利用模具的热交换机制，有效排放多余热量，确保成型过程的可控性与制品质量。

3. 利用反应注射成型技术制作潘顿椅

潘顿椅于 1967 年由丹麦著名设计师维纳·潘顿（Verner Panton）与 Vitra 公司携手设计，标志着世界上首把采用聚酯纤维与玻璃纤维材料制造的无腿一体化座椅的诞生，同时也是首个实现一体成型塑胶椅的历史性突破（见图 6.12）。该椅的设计经过周密的实验验证，达到了力学性能与美学的和谐平衡，精确考量了人体坐姿的重心分布，确保了坐姿的完美舒适性，甚至在后仰靠背的状态下亦能维持良好的稳定性。潘顿椅的构造呈现简约美学，设计师潘顿（活跃于 1926—1988 年间）以流畅的线条和鲜明的色彩为特色，通过几何形态将塑胶材质与色谱融合，推广了“平行色彩理论”，颠覆了传统四腿椅的观念，采用单一线条的流畅曲线，无多余结构，尽显优雅而灵动。成型工艺流程如下：首步是模具准备，脱模剂涂覆于模具表面。其次，部件置于模具的芯轴心，封闭并固定模具。按比例将多羟基化合物与异氰酸混合后注入模具顶端。两分钟后化学反应完成，部件开始脱模，模具拆解展示泡沫产品。椅子从芯部取出并检查，随后用修边机修整边部，除去多余边角。最终，泡沫组件拼接完成椅子，成为整体。椅子整体展现出鲜明且和谐的色泽，其设计融合了生动的流畅曲线美与高雅的形态，巧妙贴合人体工学原理。侧面观之，宛如一位身着曳地长裙的少女形象，富含浓厚的雕塑艺术韵味。其外观不仅时尚且具现代感，更可堆栈放置，至今享誉全球，被广泛收藏于多家博物馆，标志着现代家具设计史上的重要里程碑式革新。

图 6.12　潘顿椅

七、旋转成型技术

旋转成型技术是一种多功能的制造工艺，适用于生产具有中空心结构的复杂几何体，尤其在小批量生产中展现出较高的成本效益。其模具成本相对低廉，主要是因为无须配备内部匹配或承受高压条件，这表明即使在制造对闭合口和精度有严格要求的组件时，该技术依然适用。类似于注塑成型，旋转成型工艺利用模具内的成型能力，可以预先设定形状来减少后续的机加工步骤，提高生产效率。旋转成型技术通常始于将模具固定于旋转臂上（见图 6.13）。首先，预先计量好的聚合物被均匀撒布在模具内部。模具随后闭合，并被送入加热室，在约 250 ℃的温度下持续旋转约 25 分钟。此期间，模具围绕水平及垂直轴线进行连续旋转。随着模具温度的上升，粉末逐渐熔融并汇合，于模具表面形成均匀的涂层。加热阶段结束后，模具转移至冷却室，空气被抽取并自然冷却约 5 分钟。值得注意的是，此期间模具仍需以每分钟 2 转的速度旋转，以维持材料分布和壁厚的均匀。零件充分冷却后，即可脱模取出，准备进入下一个生产周期。整个过程中，加热和冷却阶段的时长及旋转速率需精确调控，以确保成型质量。在低压力加工条件下，因受力减小，往往导致所得材料的机械强度偏低及分子量减少。为应对这一挑战，一个可行的策略是融入助条或加固结构（加强筋），以增强制品的整体结构性能。在加工设计时，须保证部件截面变化平缓，规避急剧的几何形态变换及过小的曲率半径，尤其是尖锐角和极度紧凑的转角构造。虽然允许一定程度的小曲率弯曲，但不宜应用于极度狭小的转弯设计。此外，低压力成型技术的局限性还体现在难以实现高光泽的表面处理。在实际制造需求中，通常遵循零件长度为直径四倍的原则，旨在优化结构稳定性和加工可行性。同时，加工流程需密切监控，以防止材料分布不均现象，确保制品质量的一致性和可靠性。

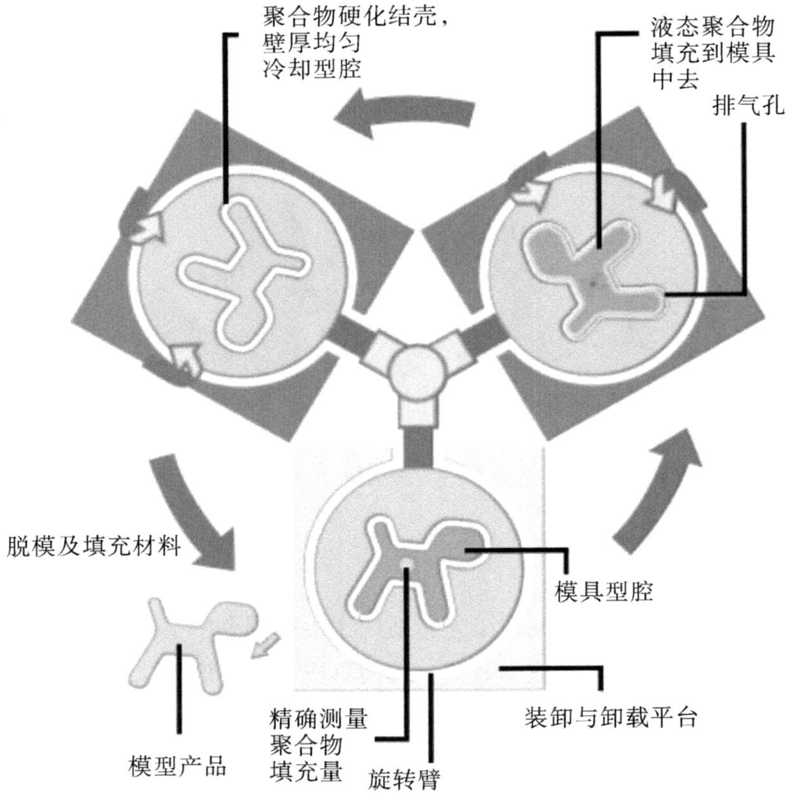

图 6.13 旋转成型技术

用旋转成型技术制作的 Fish Chair 和 Magis Puppy 椅。

1. Fish Chair

Fish Chair（见图 6.14）是 1995 年由印度设计大师萨提延德拉·帕卡莱（Satyendra Pakhale）为知名家具品牌 Cappellini 构思并呈现的一款别具一格的“鲤鱼椅”。此设计杰作植根于跨文化的对话交流，巧妙地融合了东西方的美学理念，将技术精髓与审美愉悦无缝结合，彰显了设计中功能与趣味并存的高级平衡。此作品不仅是对人工合成材质创新使用的典范展示，也是探索新兴技术潜力的先锋实践，因此迅速赢得了全球设计界的广泛关注与赞誉。十年后的 2005 年，Cappellini 正式启动了该款椅子的商业化生产进程，全程采用先进的塑胶材质，通过精密的旋转模塑工艺精心打造，赋予了产品侧面轮廓生动的鲤鱼剪影效果，艺术性与工艺性浑然一体。在色彩方面，该椅外部涂装丰富多变，对比之下，内座区域则统一保持纯洁的白色，不仅在视觉上形成鲜明反差，亦体现了设计中对细节层次与感官体验的深刻考量。

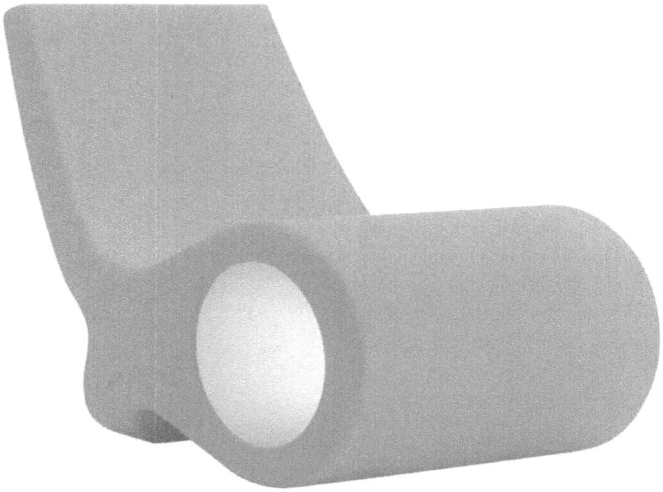

图 6.14 Fish Chair

2. Magis Puppy 椅

Magis Puppy 椅（见图 6.15）是设计巨匠埃罗·阿尼奥（Eero Aarnio, 2005）的创意之作，选用了聚乙烯作为核心构建材料。聚乙烯作为一种质量轻盈且具备卓越延展性的高分子塑胶，兼具高度的安全性能及耐冲击、耐磨耗的物理特性，展现了材料科学与设计艺术的完美融合。通过精湛的滚塑工艺对聚乙烯进行加工，不仅确保了制品表面的平滑度与触感的细腻，还赋予了其优良的抗紫外线与防水能力。因此，无论置于户外开放空间还是室内环境，Magis Puppy 椅均能维持其结构强度与长期使用价值，彰显出材料选择与制造工艺的精妙配合。在安全设计方面，该椅采纳了全圆弧无锐边的形态策略，有效避免了儿童在活动中的意外碰撞伤害。其表面处理采用了一种耐刮擦的颗粒状磨砂质感，既提升了家具的耐用性，也鼓励了儿童自由无拘的探索与嬉戏。更值得关注的是，Magis Puppy 椅凭借其前卫时尚的造型与极具辨识度的轮廓线条，超越了传统家具的范畴，成为横跨艺术与设计领域的独特存在。它如同一件现代雕塑作品，不仅能够独立作为空间内的视觉焦点，同时也履行着作为儿童座椅的功能角色，实现了实用主义与审美追求的和谐共生，堪称设计界的一件杰作。

图 6.15 Magis Puppy 椅

八、复合层压成型技术

复合层压成型技术涉及采用层压成型工艺，该工艺巧妙地集成高强度纤维与硬质塑胶，以制造出轻质且坚固的复合材料产品。此过程集合多种材料层，经过精心配比，旨在生产出满足高性能标准的组件，确保最终部件在特定应用中的优良表现。复合层压成型工艺广泛应用于赛车、飞机和帆船等零件的加工生产过程中（见图 6.16），主要包括三种典型的层压技术：湿铺成型、预浸料成型（短期预浸树脂）和树脂转移模塑成型（RTM，也称为树脂灌注）。所使用的树脂通常是热固性的，因此通常在室温下固化。

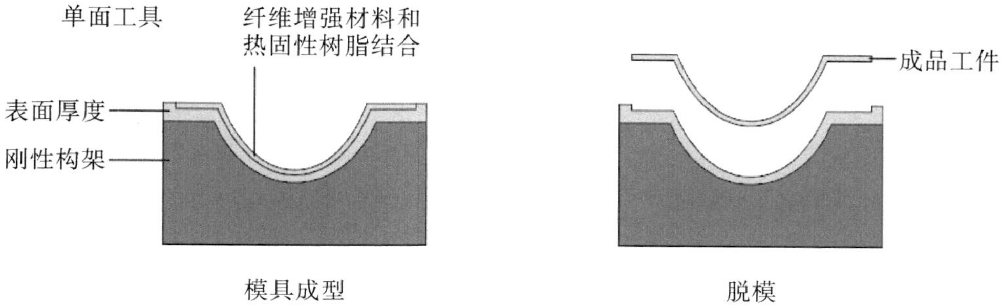

1. 湿铺成型

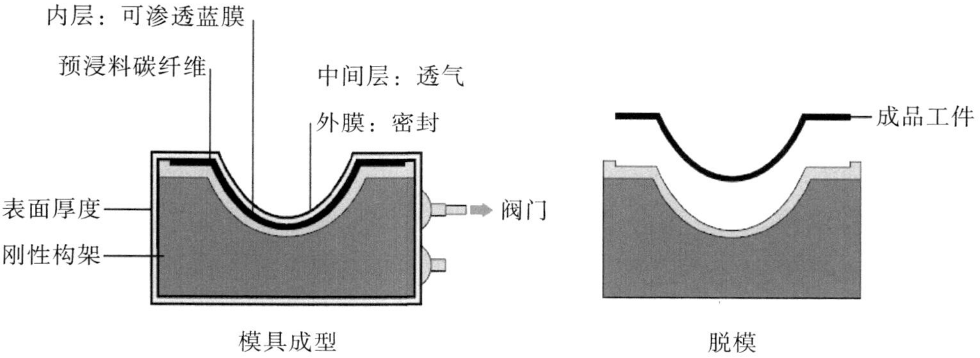

2. 预浸料成型

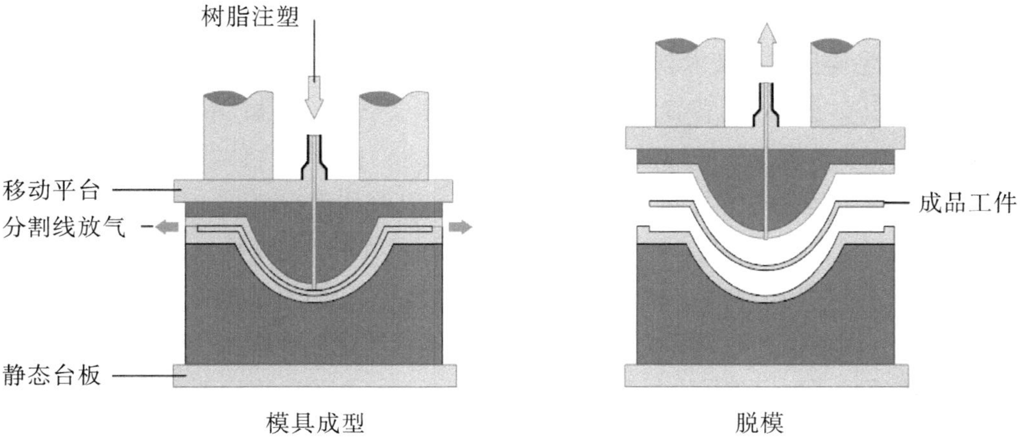

3. 树脂转移模塑成型

图 6.16 复合层压成型工艺原理

1. 复合层压成型技术流程

复合层压成型技术流程包括三种主要方法：湿铺层压（Wet Lay-Up）、预浸料成型（Prepreg Lay-Up）、树脂转移模塑（Resin Transfer Molding，RTM）。湿法适用于所有类型的织物和热固性树脂，是层压中最精确的工艺。它使用刚性模具，由复合材料构成，既提供支撑，又具备必要的柔韧性，以利于脱模。湿法通常以涂胶开始，使用热固性树脂预涂覆模具，此树脂需在无氧环境下固化以防止氧化。随后铺置增强纤维垫，涂抹热固性树脂，平衡树脂与纤维的比例至关重要。滚筒用于消除气泡。预浸渍法则更耗时、精密且成本高，尤其适用于碳纤维。该方法无须涂胶衣，直接在模具上铺设预裁切的纤维图案，利用其自黏性无缝合并。真空袋膜包裹模具以确保均匀抽真空，然后在高压釜中固化，通过控制压力、温度与时间来确保均匀固化。RTM 适用于双面高质量零件，模具多为金属，经济高效地生产大表面积零件。热模具中放置纤维，然后压合，树脂可通过真空或直接倒注进行注入。湿法则需涂胶衣，热固性树脂的组合在批量生产中也相当重要。热固性树脂冷却收缩，塑性树脂补充形成表面光洁度。在选用碳纤维和芳纶纤维时，鉴于其成本高昂，策略上应着重减少材料消耗并优化强度效能，以确保最大化的应用。壁厚的推荐范围限定在 0.2 ~ 10 毫米内，因为超出此范围的厚度增量将增加热反应的风险。碳纤维的常规使用规格通常在 0.5 ~ 0.7 毫米，仅在需要增强强度的关键区域部署以提升密度。尽管有能力制造大型部件，但建议面积控制在 1 平方米的界限内，以保持工艺的可行性。手工铺设方法因劳动密集度高，成本随之上升，每件制品可能需叠加 10 层纤维增强，每层均为手工操作。复杂度增加时，部件数量可多达数十个，显著提升加工成本。在模具设计时，为确保与材料膨胀系数匹配，模具材料应与最终产品同质同源。模具壁厚标定在 6 ~ 8 毫米。

2. 利用复合层压成型技术制作飘带椅

飘带椅是由安塞尔·汤普森（Ansel Thompson）于 2002 年设计的，其主要材料包括乙烯基酯、玻璃、芳族聚酰胺增强材料和 PUR 泡沫芯。椅子的主体结构采用高质量的聚酯基和芳族聚酰胺强化材料与 PUR 泡沫芯材构建。其制作流程精细，分为五个阶段：模具准备、涂脱模剂、胶层固化、脱模与最终修整。针对椅子的复杂构造，模具被精心设计为可拆分的部分，以利于脱模。模具表面处理需高度精细，因为最终成品的质地将直接反映模具的状态，因此模具的表面处理需谨慎进行。各段装配后，施加脱模剂，确保后续的胶层不会粘连模具。再用胶带密封模具边缘以确保密合，在涂胶层后再去除胶带。然后，根据椅子的形状裁剪合适的玻璃纤维或芳纶纤维，铺设于胶层上，并覆以 VE 酯树脂。接着，用滚轴排除气泡，确保纤维铺设无重叠层，以保证接缝牢固，并内置芳纶纤维以增强弹性和强度。边缘处用螺栓固定模具，在紧固螺栓的同时挤出多余的树脂。模具设计确保材料紧密结合，PUR泡沫的注入增强纤维与模具的贴合，平滑顺滑，减小粗糙度，同时增强壁部的强度。约45分钟后，VE酯固化，模具被拆解，进行修整，最终形成成品。

九、3D打印技术

三维打印（3D Printing, 3DP）作为添加剂制造技术的一种形式，是一种革命性的制造工艺。它以数字模型数据为指导，利用粉末状金属、塑料等黏合材料，通过逐层累加的沉积方法来构建实体对象。3D打印技术主要依赖数字化的打印机执行，运用数字制造技术来实现。该技术在模具制造、工业设计领域中广泛用于原型制作，并逐渐向直接产品制造过渡，许多领域已见到此技术制造的零部件应用实例。其应用范围广泛，涵盖珠宝、工业设计、建筑设计、工程与建造（AEC）、汽车制造、航空航天、口腔医学、教育、地理信息、生物工程、武器制造、林业等领域，彰显其在创新设计、快速原型制作、定制化部件生产及复杂结构制造等方面的巨大潜力，深刻影响着各行业的未来发展。在日常办公环境中，常规打印机通过将计算机设计的二维图像转化为纸质文档。相比之下，虽然3D打印技术的基本工作原理与之相似，但材料的选用上有显著不同。常规打印机使用的是墨水基油墨与纸张，而3D打印机则装载金属、陶瓷、塑胶等实质性原材料，这些构成了打印介质。通过与计算机的连接，3D打印机在计算机指令的引导下逐层叠加这些“打印材料”，最终将虚拟设计蓝图转化为实体物件。

简而言之，3D打印机是一个能够制造出实体三维物体的工具，范围涵盖机器人、玩具、各种模型乃至食品，无所不包。之所以称为“打印机”，是因为它与传统打印机技术的类比，分层叠印的过程与喷墨打印过程异曲同工。这一技术正式称为3D打印技术或立体打印技术。3D打印技术涵盖多种技术分支，区分在于所采用的材料与构建部件的分层叠置方式。常用的3D打印材料包括尼龙纤维、耐久尼龙塑料、石膏基材料、金属合金、不锈钢、镀金银、橡胶类材质等，这些材料拓展了3D打印的应用范围与可能性。

1. 3D打印技术流程

（1）三维设计与建模流程。三维打印的设计与实现始于先进的计算机辅助设计（CAD）软件，该软件用于创建精确的三维模型。随后，这些精细的三维构造通过“切片”算法被转换为一系列二维截面，每一片代表打印过程中的一层，作为打印机操作的直接指令。在此过程中，STL（标准模片库）档格式作为设计与打印设备之间的沟通桥梁，扮演着核心角色。STL挡通过细小的三角面片来逼近实体模型的表面，提高模型的表面分辨率。此外，PLY挡格式源自三维扫描技术，常用于捕获具有全彩细节的对象，其输出的VRML/WRL挡格式适配于彩色打印的需求。（2）分层制造与精度优化。分层处理阶段涉及对设计档中指定的横截面信息进行物理化操作，利用液态、粉末或薄膜形式的材料，逐层累加并黏合成型，最终实体化设计模型。此技术的核心优势在于其几乎不受限的制造自由度，能实现高度复杂的几何结构。在技术规格方面，打印层厚（Z轴分辨率）及平面分辨率（$X-Y$轴）成为衡量打印精度的关键指标，通常以dpi（每英寸点数）或微米计量。标准层厚约为100微米（0.1毫米），而高端机型，例如Objet Connex系列及三维Systems' ProJet系列，已可实现16微米的超薄层打印。平面分辨率则趋近于激光打印水平，打印点直径控制在50～100微米范围内。相较于传统制造方法可能需要数小时乃至数日的周期，三维打印技术极大地压缩了时间成本，多数情况下仅需数小时即可完成模型制作，尽管实际耗时仍受打印机性能、模型尺寸及复杂度影响。在生产经济学层面，传统的批量生产技术，如注塑成型，适合大规模低成本制造聚合物产品；而三维打印技术则以其快速回应、高度灵活性及对小批量生产的经济性，为产品原型设计与创新提供了新的途径。桌面级三维打印设备的普及，使得设计团队或创意开发单位能够在内部高效完成模型制作，加速了从概念到实物的转化进程。（3）后处理与高精度实现。在三维打印的最终阶段，尽管大多数应用场景下当前的打印机分辨率已能满足基本需求，但针对那些要求更为严格的表面质量，尤其是在复杂曲面表现出的微粗糙度，类似于数字化图像中的锯齿效应，可以通过一种两步策略进一步提升成品的细腻度：首先运用现有技术，打印出略超出预期尺寸的物件，然后施以细微的表面修整工艺，如打磨或抛光，以消除层纹痕迹，从而在不直接依赖于打印机硬件升级的前提下，获得外观平滑、接近“超分辨率”的成品。

此外，多材料打印技术的进展为制造复杂结构提供了新的维度，使得在同一构建过程中整合不同材质成为可能，极大丰富了打印物品的物理特性和功能性。值得注意的是，在构建包含悬空或倒置特征的结构时，智能集成支撑材料变得尤为重要。此类支撑结构采用易于移除的材质（例如可溶解性材料），确保了打印过程中结构稳定性的维持，同时在打印完成后能够无痕去除，保留设计的原始形态与精度，展现了三维打印技术在复杂几何构建能力上的又一飞跃。

2. 典型的3D打印技术

（1）光固化三维打印技术概览及其分类。光固化三维打印技术作为一种先进的制造方法，主要涉及SLA、DLP及CD等技术，其核心均基于光敏树脂材料通过精确控制，逐层叠加以固化，进而构建三维实体。技术要点在于将设计模型分层，通过特定波长的光束逐层扫描，使光敏树脂凝固，而未照区则保持液态，最终逐层叠加形成目标零件。SLA技术解析：SLA（光刻技术）采用紫外激光，波长为350纳米或40纳米，通过精密光学系统调控激光光斑扫描，精确固化树脂，逐层光斑触及区域固化，最终构建出目标零件。DLP技术说明：DLP（数字光处理）利用405纳米光源，借助数字微镜技术，选择性地将光投射至液态树脂上，使其光敏固化，逐层累积达成目标零件。CD技术详述：CD（液晶显示光固化）运用液晶屏的光选择性透光调控原理，LCD 背后配置紫外 LED 阵列，液晶像素透光与否的黑白切换控制了光的透过，通过 LCD 屏实现精确的曝光控制，可以理解为 DLP 技术以 LCD 光源替代实现光投射。

（2）熔融沉积成型（Fused Deposition Modelling, FDM），FDM 的工作原理是将丝状的热塑性材料通过喷头加热熔化，喷头底部带有微细喷嘴（直径一般为 0.2 ~ 0.6 毫米），在计算机控制下，喷头沿着 X 轴方向移动，工作台沿 Y 轴方向移动，根据 3D 模型的数据移动到指定位置，将熔融状态下的液体材料挤喷出来并最终凝固。一个层面沉积完成后，工作台沿 Z 轴方向按预定的增量下降一层的厚度，喷出的材料沉积在前一层已固化的材料上，最终通过逐层堆积形成成品。

（3）选择性激光烧结（Selective Laser Sintering, SLS），在 SLS 技术中，工艺流程涉及细致的分层构建策略。首先，均匀的粉末材料层被精细铺撒于正在成形的构建件表面，随后，温度被精确调控至略低于该粉末熔融点的临界阈值，以维持其稳定状态。在此过程中，高精度的激光控制系统扮演关键角色，依据当前层的二维轮廓信息，精确扫描粉末层，局部加热，使得粉末温度恰好达到熔融点，实现熔化并与下层已构建部分牢固结合。完成一层后，工作平台下降预设厚度，为下一层铺垫，以确保均匀性。此时，新的粉末通过铺料辊均匀铺设，密实地覆盖于表面，准备进行下一层截面的烧结过程。此迭代循环持续进行，直至整个模型构建完毕，每一层的精确累加最终塑造出完整的三维实体。

（4）选择性激光熔化（Selective Laser Melting, SLM），亦称为金属粉末熔融积层制造技术，是一种依赖于高能激光束对金属粉末快速加热熔融并瞬间凝固的精密制造工艺。实现完全熔融的金属粉末，激光能量密度需超越阈值，通常不低于 6 焦每平方厘米。目前 SLM 工艺主流采用的激光器包括 Nd-YAG、CO_2 及光纤激光器，这些激光器发射的波长分别为 1 064 纳米、10 640 纳米与 1 090 纳米。值得注意的是，金属粉末对较短波长激光（如 1 064 纳米）的吸收效率较高，而对较长波长（如 10 640 纳米）的吸收则相对较低。因此，在金属零件成形过程中，短波激光器能更高效地利用能量，而长波 CO_2 激光器的利用率则较低。SLM 技术的核心机制是在高强度激光作用下，金属粉末充分熔化，经由散热快速凝固后与基底材冶金结合，层层叠加，最终构建出三维实体零件。

（5）三维打印（Three Dimensional Printing, 3DP），三维打印技术作为一种先进的制造技术，基于数字模型挡，通过层层累加性构建物体。该技术主要采用粉末状材料，无论是金属还是非金属，皆以黏合物逐层沉积的方式实现。具体操作中，电式喷头扮演关键角色，利用粘接剂（类比墨水）将零件的截面逐层“印刷”于粉末之上。每层粘接完毕后，工作台下降设定距离，新的粉末覆盖上去，随后喷头在计算机控制下根据下一层截面的成形信息选择性喷射粘接剂，逐层进行。此过程循环往复，交替铺粉与喷粘接，直至三维实体成型完成。未被粘接剂覆盖的粉末作为松散支撑结构，在成型期间发挥作用，且易于去除。粘接剂黏结的零件初始强度较低，需后处理。一般而言，三维打印完成的粉体需彻底清理，后续可能涉及表面处理，如陶瓷打印需上釉等，及脱脂等预处理，最终经过高温烧结以获得成品零件。

3. 利用 3D 打印技术制造混凝土渐变椅子、木纤维椅和定制轮椅

（1）3D 打印混凝土渐变椅。设计师菲利普·阿杜茨（Philipp Aduatz，2020）携手奥地利创新企业 Incremental3D，将传统工艺智慧与现代技术革新相融合，通过采用 3D 打印、激光扫描、计算机数控雕刻（CNC）与快速成型等先进技术，创新性地将 3D 打印技术应用于混凝土，并引入色彩处理，精选红色、蓝色、米色、绿色及黑色，巧妙地融入设计之中。通过一系列渐变色的长凳与椅子，展现了视觉与功能性的艺术融合（见图 6.17）。此设计不仅展示了流畅的线条美学与渐变色彩美学，更在制造工艺上实现了技术突破。尤其在混凝土低拉伸性的基础上，通过精密计算，巧妙融入强化钢材，确保了结构的稳固性与美观，呈现出一件艺术与技术完美结合的作品。Philipp Aduatz 阐述其设计理念：“多年以来，我深受‘梯度’概念的吸引，它不仅是优雅与和谐的象征，更是设计的基石，体现了数学精确性与美学之间的完美平衡。”因此，3D 打印混凝土渐变椅正是在“梯度”理念的指导下，通过创新技术与材料的融合，实现了对“梯度”概念的现代诠释，展现了独特的雕塑质感与设计的无限可能性，是技术与美学的巧妙碰撞。

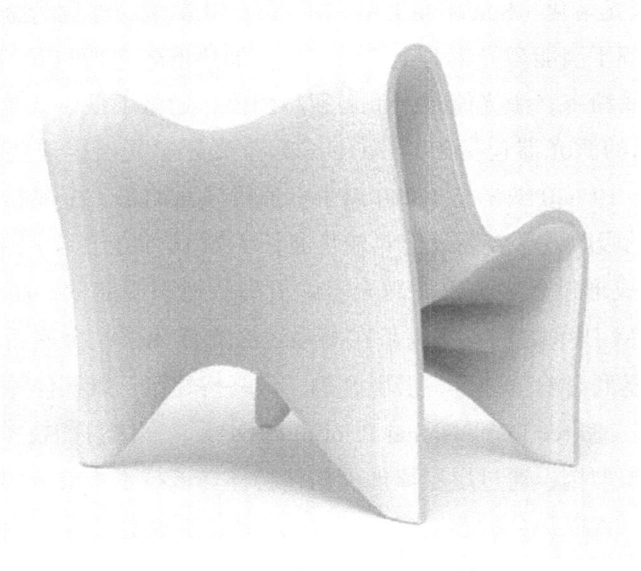

图 6.17　3D 打印混凝土渐变椅

（2）3D 打印木纤维椅。ANTOPO 椅（见图 6.18）采用了先进的 3D 打印技术，其独特之处在于原料选用了全新可再生的木质纤维，强调了环保与可持续性的设计理念。3D

打印技术在此发挥了其独特的优势，使设计者能够创造出传统制造工艺难以实现的复杂结构与形态，从而突破了设计界限。椅子背部的流畅曲线、座椅的有机形态，以及材料本身的适度弹性，这些因素综合赋予了椅子卓越的舒适度，不仅满足了坐感的享受，也体现了设计的艺术性。这把椅子，与其说是一件日常家具，不如视之为一件雕塑艺术品，其外观设计美学与实用性并重，超越了传统功能性的界限，成为居家或公共空间中引人注目的观赏与体验的焦点。

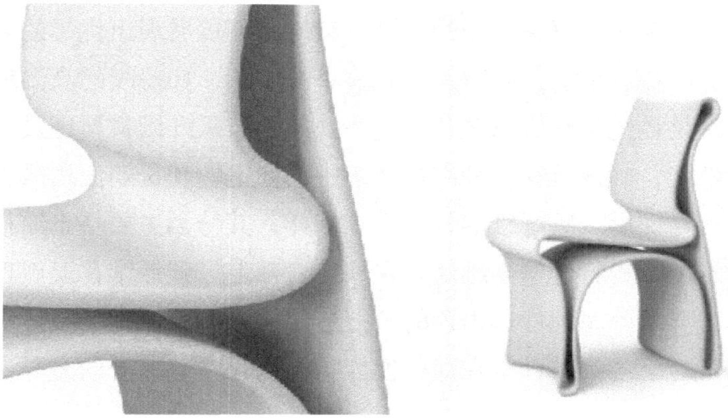

图 6.18　ANTOPO 椅

（3）3D 打印家用定制轮椅。本杰明·休伯特（Benjamin Hubert，2015）率先设计并创造了世界上首例 3D 打印家庭用轮椅（见图 6.19），这标志着个性化定制消费产品的重大进展，有助于满足残疾人士的独特需求与生活习惯。该轮椅的座位与脚踏板设计通过数字化精确调节，这些数据基于用户个体的生物测量信息生成，确保了高度定制化的适配比例。该轮椅依据个人体型、体重及身体机能障碍特点量身定做，旨在减少潜在的伤害，同时提升舒适感与座椅的柔韧性，强化支撑性，是一个展现了以人为本的创新设计范例。

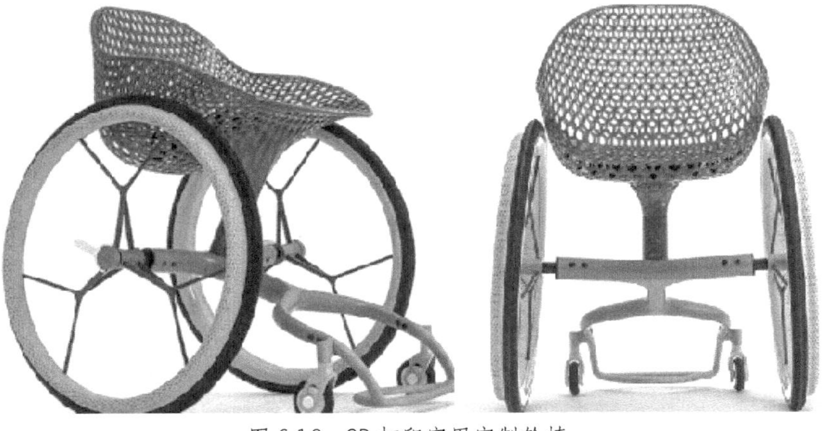

图 6.19　3D 打印家用定制轮椅

椅子与先进材料加工技术

一、碳纤维材料

碳纤维材料是一种以碳原子呈长链纤维形态为核心构建的先进材料，其组成中碳元素的质量占比超过 90%，凸显了其高纯度特性。该材料被誉为“21 世纪的明星材料”，这一称号深刻反映了其融合了多种卓越性能的特质。碳纤维不仅展现出优越的柔韧性，使其能够无缝融入纺织工程的传统范畴，同时还兼具显著的刚性，在持续的高温环境下仍能维持较高的力学强度，这是传统材料难以企及的优势。此外，碳纤维材料还具备出色的耐腐蚀性和卓越的抗疲劳性能，确保其在各种严苛环境中的稳定性和长期使用潜力，进一步拓宽了其应用领域的广度与深度。碳纤维的种类繁复多样，其分类主要基于原料来源、丝线形态、力学性能及纤维的结构特性等多维度。在性能表现上，碳纤维普遍展现出卓越的力学强度、高模量比、优异的耐腐蚀性、出色的抗疲劳性能、广泛的高低温适应性、低密度以及良好的导电性等特性。各类碳纤维在这些性能指标上存在着显著的差异，凸显了其多样性与广泛的应用适应性。

1. 碳纤维材料的制备技术

（1）PAN 基碳纤维，PAN 基碳纤维的制造始于聚丙烯原材料，通过一系列精炼制备、丙烯腈原丝的预氧化及碳化处理等核心步骤来获得。原丝的制备过程融合了聚合及纺丝两大工艺，根据连续性差异，丙烯腈原丝的制备可分为两类策略：连续法和两步法。前者是将聚合液直接进入纺丝过程，无须中间分离，即一步完成，体现其连续性；而两步法则需要将聚合产物先析出丙烯腈粉末，然后熔解重组为纺丝液，再进行纺丝，这一过程增加了分离与重组的步骤。由于丙烯腈原丝的耐热性能有限，直接碳化会导致其在高温下分解，因此，预氧化成为 PAN 基碳纤维生产中不可或缺的中间环节，以确保原丝的稳定性。预氧化后，纤维在惰性环境下接受低热处理，依次经历碳化与高温碳化。碳化深化处理在惰性气体保护下进行进一步加热，以获得含碳量达到 90% 以上的高模量碳纤维。（2）沥青基碳纤维，沥青基碳纤维的制造起源于石油沥青或煤炭资源，其合成过程涉及精炼制备、纺丝、熔融纺 / 预氧化及后续的碳化序列，以生成沥青基质碳纤维。在其中，融纺或预氧化步骤，即预处理阶段，包含气相与液相两种途径。预氧化完成后，纤维需在惰性环境下经历碳化，以增进碳含量和纤维的伸长强度，从而强化沥青基碳纤维的总体力学属性。石墨化过程通常嵌入沥青基碳纤维的制造过程中，促进纤维的石墨化层状结构形成，该结构赋予其优越的强度、导电性与模量。这一系列操作均旨在提升沥青基碳纤维的综合性能与功能特性。（3）黏胶基碳纤维，黏胶基碳纤维的制备始于木质素或棉纤维等天然纤维素素材，通过将黏胶纤维素浆粕转化为纺丝溶液，历经洗涤、滤清及干燥等预处理步骤，随后经由催化浸渍、预氧化及碳化等核心环节转化成高性能碳纤维结构。催化浸渍阶段特指使用特定催化剂促进纤维素溶液中的脱水作用，为后续反应奠定基础。预氧化处理则是在催化剂的催化效应下，实现原材料的去水、热解裂变及分子结构的重排，为碳化过程铺路。黏胶基碳纤维的碳化过程细致区分了低温与高温两个连续阶段：低温碳化专注于深化脱水、热裂解反应及芳香族结构的初步构建；而高温碳化阶段则侧重于促进更深层次的聚合反应与芳香环结构的完善，两者协同作业，共同推动黏胶纤维向具备高度稳定性和优异物理性能的碳纤维转变。（4）复合材料成型工艺，碳纤维复合材料的制造技术繁多，其中广泛应用的几种工艺涵盖树脂传递模塑化成型（RTM）、注射成型、压模成型、缠绕成型、拉挤出成型、热压罐成型、压力袋成型、喷射成型以及手糊塑成型等。在这些工艺中，模压成型和热压罐成型倾向于采用预浸渍的预制材料，强调在模具中完成固化；而缠绕成型与挤出成型则采取在线浸渍，纤维在连续施加湿态的状况下作业。至于 RTM，则是基于预浸渍的树脂体系，通过长流程中的液体流动注入模具，最终固化，实现材料的致密实心结构。这些方法各自针对不同需求，展示了碳纤维复合材料在复杂形态与性能定制化生产上的灵活性。

2. 利用碳纤维材料制作 PLUMA——碳纤维凳

碳纤维材料的出现时间较早，但其真正实现商业化是在 20 世纪 70 年代。碳纤维材料的生产工艺要求较高，且价格昂贵，使得其实际应用受到限制。然而，在科学技术不断发展的今天，碳纤维材料技术得到了推广，价格也随之下降，这为碳纤维材料在各个领域的应用奠定了基础。碳纤维材料的问世可追溯至较早时期，而其商业化进程则于 70 年代迈入实质性阶段。碳纤维的生产工艺复杂且成本偏高，导致其应用普及面临一定局限。时至今日，科技进步推动了碳纤维技术的优化，成本降低，为其在多元领域的拓展铺平了道路。这款名为 PLUMA 的凳（见图 6.20）采用了碳纤维材质制造，任何体重的人都能承受，同时其独特的外形设计也相当吸引眼球。

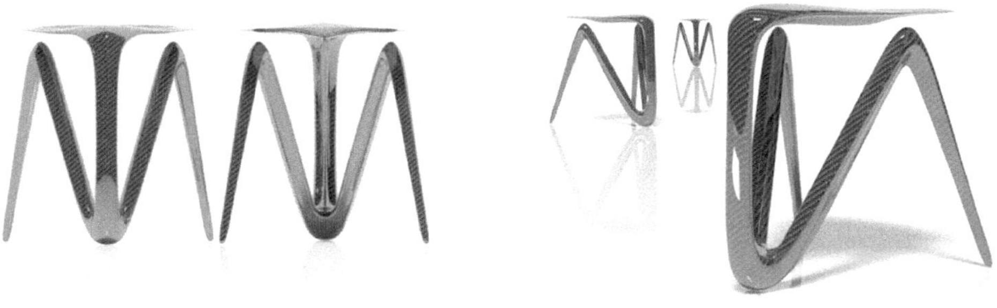

图 6.20　PLUMA

二、聚乳酸（PLA）材料

聚乳酸（Polylactic Acid, PLA），又名聚丙交酯，是聚酯家族的一员，通过聚合乳酸单体得到的一种聚合物，其原料来源丰富且具有可再生性。聚乳酸的合成过程环境友好，其产物可生物降解，能在自然环境中实现循环，因此是理想的生态高分子材料典范。聚乳酸作为一种革新的生物降解材料，其创新之处在于利用可再生植物资源，如玉米淀粉，通过发酵工艺转化为乳酸，进一步通过高分子合成技术转变为聚乳酸，这一过程凸显了其生态与可持续性。PLA 展现出与传统石化基塑胶相似的基础物理属性，使其成为一种多功能材料，能够适应广泛的制造需求并转化为多样化的终端产品。特别地，PLA 具备卓越的光泽特性和高透明度，这些特性与聚苯乙烯制品相媲美，超越了多数其他生物降解材料的光学性能。PLA 的生物降解机制尤为突出，体现在其能在自然环境中，尤其是在土壤微生物的作用下，实现一年内的完全分解，产物为无害的二氧化碳和水，这一过程对生态系统无不良影响，体现了“从自然中来，回自然中去”的生态循环理念。鉴于全球日益严峻的气候变化问题，预计到 2030 年地球表面温度可能将达到临界点，而传统塑胶的焚烧处理方式加剧了温室效应。相比之下，PLA 通过自然降解途径，其释放的二氧化碳被土壤或植被吸收，有效避免了大气排放，减缓了全球变暖的趋势。在加工工艺方面，PLA 表现出高度灵活性，适用于吹塑、注塑等多种技术手段，简化了生产流程并拓宽了应用范围。其制品涵盖从工业产品如食品包装容器、快餐容器，到民用产品如无纺布、多功能织物等，进一步延伸至农业覆盖材料、医疗保健用品乃至日常清洁用品，彰显了其出色的机械稳定性和物理属性。从材料科学的角度来看，PLA 展示出优越的拉伸强度和延展性，且与当前广泛应用的聚合物加工条件兼容，支持挤出、注射、吹膜等多种成型技术，并保持与传统薄膜一致的印刷适用性，这无疑增强了 PLA 在跨行业应用中的适应性和定制潜力。

利用聚乳酸材料制作 Peel 椅。在艾科瓦（AIcova）设计论坛举办的题为“Expect Death：Design for the End of Life（设计的最终思考）”的年度展览中，一个核心议题聚焦于设计的终态思考，特别针对美国每年超过 1 200 万吨的家具废弃物现状。Prowl Studio 的联合创始人劳琳·梅纳德（Lauryn Menard）强调，传统塑料制品，例如普遍应用于折叠椅的聚丙烯材质，其降解周期长达约 450 年，对环境构成长期负担。相反，聚乳酸则展现出显著的环境友好性，在适宜的控制环境下仅需半年即可完成生物降解过程。针对这一挑战，Prowl Studio（美国可持续工作室，2018）在米兰设计周期间推介了 Peel 椅（见图 6.21）。该设计采用了创新的单一材料策略，结合玉米来源的 PLA 与大麻纤维，并运用 M4 Factory 的创新生物塑胶复合材料技术，旨在实现产品生命周期终结时的工业化堆肥可能性。Peel 椅的制造沿用了传统的注塑成型工艺，但突破性地摒弃了对化石燃料的依赖。值得注意的是，椅座的泡沫部分由模压大麻纤维构成，并覆以一种由材料研究机构研发的海藻基类皮革涂层，该涂层能在自然土壤环境中于约 6 个月内分解，无须依赖工业堆肥条件，展示了设计的深层次可持续性考量。椅子框架的生物降解性同样高效，前提是处于严格控制的环境条件下，确保温度、湿度及微生物活动的理想平衡。因此，Peel 椅成为首个可实现工业化堆肥的注塑成型家具实例。其坐垫部分采用了一种新颖的大麻纤维泡沫材料，不仅在家用条件下即可堆肥，且降解速度堪比日常水果皮屑，如橙皮，进一步突显其环保价值。通过融入大麻纤维，Prowl Studio 不仅减少了塑胶用量，还实现了产品重量减轻与强度提升 90% 的双重目标，强力证明了生物塑胶在承受载荷方面的潜力。在设计上，Peel 椅以其流畅的线条与简约美学著称，得益于 PLA 作为基材的精妙运用。同时，设计团队借助 3D 打印技术，得以自由挥洒创意，将前卫概念转化为实体。正如贝莉・米什勒（Baillie Mishler，2021）所言，这是向更健康塑胶替代品迈进的关键一步，它优化了现有体系，避免了新技术开发的额外需求，从而实现了从想象到现实的飞跃，创造出独一无二的可持续设计杰作。同时，PLA 作为生物医用材料的重要性日益凸显，特别是在医疗和制药行业。得益于其卓越的生物降解性、较低的毒性水平以及良好的生物兼容性，PLA 纤维在生物医学领域的应用前景广阔。此外，纺织行业也见证了 PLA 的广泛应用，它被开发为薄膜材料、黏合剂、复杂成型产品、乳液、泡沫材料以及通过热成型或注塑技术生产的各类制品，进一步证实了 PLA 作为可持续材料的多功能性和市场潜力。

图 6.21　Peel 椅

三、玻璃钢材料

玻璃纤维增强塑胶，作为一种复合材料，其基体由合成树脂构成，并嵌入玻璃纤维及其相关制品作为增强元件，通过精密的加工技术整合而成，常简称为玻璃钢。这种材料表现出一系列卓越的性能特征，包括但不限于轻量化质地、高强度与高刚性、电绝缘性、优秀的耐腐蚀与抗烧蚀能力、良好的绝热保温效果，以及在节能方面的贡献。更重要的是，玻璃钢在设计灵活性上表现突出，能够适应多种成型工艺，不仅能够实现产品的整体一次性成型，极大地提升了生产效率，而且在后期维护与修复方面也显示出便利性。这些综合优势共同构筑了其独特的应用价值。

1. 典型的玻璃钢成型工艺

（1）喷涂成型。技术说明：本方法涉及一种复合材料制造工艺，即同步将短切纤维增强介质与树脂体系喷敷于模具腔内，随后在常压环境下完成热固性材料的固化过程，形成预定的复合材料部件。材料选择：树脂基体——选用聚酯树脂作为主要成分，以其广泛的适用性和经济性见长。纤维增强剂——采用粗粒度玻璃纤维纱，旨在提供基础的机械支撑。中心层材料——未内置，需后续与叠层板集成，反映在结构设计的灵活性上。主要优点：技术传承性——该工艺拥有深厚的历史积淀，技术成熟度高。成本效益与效率——展现出显著的成本节约优势，得益于快速的纤维与树脂铺陈过程，加速生产周期。模具经济性——所用模具成本相对较低，降低了生产初期的资本投入需求。主要缺点：材料分布不均——层压板中易形成树脂聚集区域，导致整体质量下降，影响材料轻量化目标。力学性能局限——受限于仅能采用短切纤维，极大制约了最终复合材料的综合力学强度与韧性。性能折中——为便于喷涂操作，树脂必须维持低黏度状态，此做法牺牲了复合材料的力学和热性能表现。作业安全风险——高比例的苯乙烯含量在树脂配方中，对操作工人的健康构成潜在威胁；同时，低黏度树脂易于穿透工作服，直接接触皮肤，增加了安全防护的难度。环境合规挑战——操作过程中，空气中苯乙烯挥发物的浓度控制难度大，难以持续符合严格的环境保护法规标准。

（2）手糊成型。技术说明：该方法通过手工浸渍纤维于树脂中实现，其中纤维可采用机织、编织、缝合或粘接等形式作为增强材料。具体操作上，借助滚轮或毛刷完成纤维的初步铺设，随后利用刮胶工具施压促使树脂充分渗透纤维层。最终，制备好的层压板在常压环境下经历固化过程，以形成稳定的复合材料结构。材料选择：树脂体系——具备高度灵活性，涵盖环氧、聚酯、乙烯基酯及酚醛树脂等，可根据具体需求自由选择。核心材料——无特定要求，可根据设计需求灵活选用。显著优势总结：历史传承与技术普及——该技术历史悠久，操作简便易懂，技术门槛相对较低。经济实用性——尤其当采用室温固化的树脂体系时，模具成本得到有效控制。材料与供应链多样性——广泛的材料兼容性与供应商选择，增强了生产灵活性。高性能潜力——相较于喷涂工艺，能够实现更高纤维体积比，增强复合材料的整体性能。局限性探讨：工艺依赖性与质量波动——树脂配比、层合板中树脂含量及成品质量高度依赖操作者的技巧，难以确保低树脂含量及低孔隙率的稳定生产。职业健康与安全考量——低分子量树脂虽利于操作，却可能增加操作者的健康风险，且低黏度树脂易透过个人防护装备接触皮肤。环境合规挑战——缺乏有效通风措施时，聚酯与乙烯基酯树脂中苯乙烯挥发可能导致室内空气质量不符合法规标准。性能妥协——为满足手工操作的低黏度需求，树脂配方中往往需提高苯乙烯或其他溶剂比例，此举牺牲了复合材料的部分机械及热性能表现。

（3）真空袋工艺。技术说明：真空袋技术是对传统手糊工艺的进阶应用，通过在模具上覆盖一层特制塑胶薄膜，并对手糊制备的层合板实施真空抽吸，借由大气压力促进气体排出，实现增强材料的紧密排列，从而显著提升复合材料的成品质量与一致性。材料选择：树脂系统——优选环氧树脂与酚醛树脂，鉴于聚酯及聚乙烯基酯树脂因含有的苯乙烯成分在真空环境下易被泵抽取，故不宜采用。增强纤维——无特定限制，即便高克重纤维亦能在负压环境下有效浸渍。核心材料——选型不受特定约束，依据设计需求自由选取。显著优势总结：纤维占比提升——相比常规手糊法，可实现更高的纤维含量，增强复合材料的强度与刚性。优化结构密实度——显著降低空隙率，提升整体致密度和材料性能。优化树脂浸透——负压环境促进树脂的均匀流动与纤维的全面浸润，尽管存在树脂消耗于真空耗材的考量。环境与健康友好——减少固化期间有害挥发物排放，改善工作环境安全。局限性探讨：成本与资源增加——引入额外的真空袋工序导致人力成本及一次性材料消耗上升。技术门槛——操作要求更为严格，对技术人员的专业技能有较高依赖。工艺控制敏感性——树脂配比及含量的精确调控仍较大程度上依赖操作者的经验和技巧。健康风险评估——尽管较其他工艺有所减少，操作人员面临的健康风险，尤其是由树脂挥发引起的，依然高于灌注或预浸料技术。

2. 利用玻璃钢材质制作的 Melt 椅和 Lockheed Lounge 椅

（1）Melt 椅。利用玻璃钢材料良好的延展性，设计出符合人因工程学的椅子（见图 6.22）。

图 6.22　Melt 椅

（2）Lockheed Lounge 椅，即洛克希德躺椅。现今被视为全球最昂贵的家具珍品，其存世量仅有三件（见图 6.23），每件的拍卖成交价高达约 240 万英镑，折合人民币逾 2 000 万。这件非凡之作出自马克·纽森（Marc Newson）于 1986 年学生时期的创意之手，他被誉为“塑造世界曲线”的人物，曾获得美国《时代周刊》的盛赞。这款 Lockheed Lounge 椅巧妙融合了铝材、加固玻璃钢及聚酯树脂等高端材料，通过精湛的铆接工艺精制而成，其外形仿佛一颗凝固的液态金属滴，兼具流动美感与静谧之态，展现了独特的视觉张力。步入 20 世纪 90 年代，Lockheed Lounge 赢得了媒体的广泛赞誉，得到了诸多知名人士的青睐。设计大师菲利普·斯塔克（Philippe Starck）将其纳入纽约派拉蒙酒店（Paramount Hotel）的精选家具阵容中；流行天后麦当娜亦在 1993 年的音乐视频 Rain 中与之同框，展现了这款躺椅的独特魅力。Lockheed Lounge 的流畅线条不仅唤起了对 70 年代科幻场景的怀旧情怀，还前瞻性地预示了 90 年代将通过计算机辅助设计技术实现的生物形态设计潮流，即“斑点”风格。其醒目的铝板铆接设计，不仅是对航空旅行的致敬，也揭示了纽森对此领域的深深迷恋，而“洛克希德”之名更是直接表达了对航空制造业巨擘的敬意。

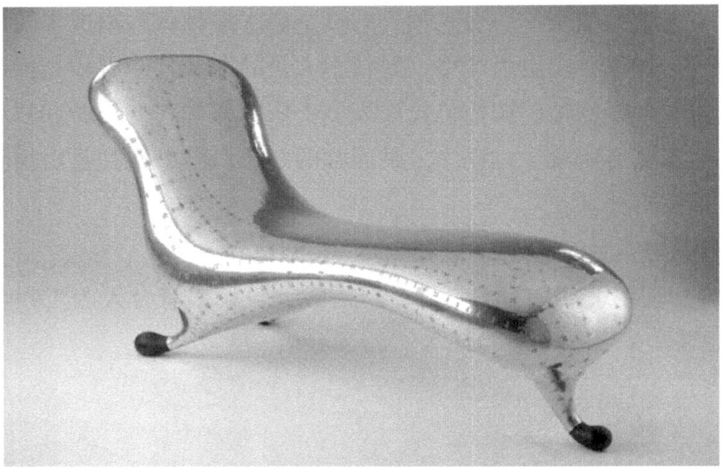

图 6.23　Lockheed Lounge 椅

虚拟现实技术与计算机辅助设计

一、虚拟现实技术

虚拟现实（Virtual Reality，VR）这一术语源自英语，其中 Virtual 意指虚拟或非实体的，Reality 则指现实或实际存在，两词结合描绘了一种技术愿景，即创造原本不存在的环境与情境，使之体验如同现实一般逼真。VR 技术，又可称为虚拟实境或沉浸式技术，其起源可追溯至美国军事科研领域，是一种基于计算机科学的高度综合技术体系。至 20 世纪 80 年代后期，VR 技术逐步进入公众视野。它整合了三维图形、多媒体、仿真、传感、显示及伺服技术等诸多高新技术的前沿成就，依托计算机平台构建出一个高度仿真的多感知（包括视觉、触觉乃至嗅觉）虚拟世界。这种环境使用户能够直观感知周遭环境的变化，与虚拟对象实现自然互动，并实时体验与物理世界无异的反馈，从而达到人机深度融合的状态。与传统模拟方法相比，VR 技术的核心差异在于它允许用户主动进入计算机生成的交互式三维环境，并与之交互。通过这种互动，借助人类的感知认知机制，促进深入理解与信息获取，涵盖了空间与逻辑等多个维度。近年来，随着计算机及其相关技术的日新月异，在个人计算机上实施 VR 技术已经成为现实。VR 技术、理论解析及科学实验现已成为探索自然界法则的三大重要工具。其不断进步与普及，不仅革新了人机交互的传统模式，从单调、刻板向更为人性化的方向转变，还深刻影响了工作模式、生活方式乃至思维方式，将人机界面推向了一个新的纪元。VR 技术正日益渗透进我们的日常，逐渐演化为一种新兴的艺术形式与文化现象，预示着一个崭新交互时代的到来。虚拟现实技术 VR 是采用以计算机技术为核心的现代高科技技术，生成逼真的视觉、听觉、触觉等一体化的虚拟环境。用户借助必要的设备以自然的方式与虚拟世界中的物体进行交互，相互影响，从而产生亲临真实环境的感受和体验。典型的 VR 系统主要由计算机、应用软件系统、输入输出设备、用户和数据库等组成。

1. 虚拟现实技术特点

（1）沉浸性。沉浸性构成了虚拟现实技术的基石特性，旨在将用户完全融入由计算机构建的数字化环境之中，使其不仅成为该环境的参与者，更深刻体验到作为环境组成部分的实在感。此体验的强度直接关联用户的感知系统对虚拟刺激的全面接纳，囊括但不限于触感、味觉、嗅觉及运动知觉等多维度感官输入。当这些感官通道被有效启动时，用户会产生强烈的心理共鸣，经历近乎现实世界的深度沉浸状态。（2）交互性。交互性作为评估虚拟现实系统效能的关键指标，涉及用户与虚拟环境间操作的流畅度与反馈的自然性。具体而言，用户一旦踏入虚拟领域，即能通过高级技术支持与环境内的各种元素进行实时互动，并接收直观的回应。此类互动涵盖用户对虚拟物体的操作行为及其引发的环境动态变化，例如，用户在虚拟空间触摸物体时预期获得的触觉反馈，或其对物体实施操作后物体位置与状态的相应调整，均体现了交互性的核心价值。（3）多感知性。多感知性强调虚拟现实技术需具备模仿人类丰富感知模式的能力，旨在复现听觉、触觉、嗅觉等多种感官体验。在理想状态下，虚拟现实应能全方位模拟人的所有感知机能。然而，鉴于当前传感技术等领域的局限，多数系统尚局限于视觉、听觉、触觉及运动感知的模拟，对完整多感知体验的追求仍面临技术挑战。（4）构想性。构想性也称为想象性，使用者在虚拟空间中可以与周围物体进行互动，拓宽认知范围，创造客观世界不存在的场景或环境。构想可以理解为使用者进入虚拟空间，根据自己的感觉与认知能力吸收知识，发散思维，创立新的概念和环境。（5）自主性。自主性原则关注虚拟环境中物体行为对物理规律的遵循程度，确保虚拟事件的发生与回应符合现实世界的逻辑。例如，物体在受力作用下会表现出预期的动态，如移动、倾覆或坠落等，这不仅增强了虚拟环境的可信度，也提升了用户沉浸体验的连贯性和真实感。

2. 虚拟现实的关键技术

（1）动态环境建模技术，构建 VR 系统的核心在于实现对实际环境的三维重构。该过程不仅要求精确捕获环境的几何与物理信息，还需根据特定应用场景的需求来设计与创建对应的虚拟环境模型。这一技术环节是奠定 VR 系统真实感与应用适应性的基础。（2）实时三维图形生成技术，尽管三维图形生成技术已趋于成熟，实时性成为当前技术突破的关键所在。为确保用户体验的流畅性，图形更新速率需维持在最低每秒 15 帧以上，最优情况下超过 30 帧每秒，从而避免画面延迟与卡顿，实现动态场景的无缝呈现。（3）立体显示和传感器技术，虚拟现实系统的交互实效性高度依赖先进的立体显示技术与精密的传感器技术。目前，现有技术装备在满足高度沉浸式体验方面尚存局限，尤其是在力学反馈与触觉传感方面，其准确度与全面性有待技术革新。此外，提升追踪系统的准确度与扩大其覆盖范围，对于增强用户与虚拟环境的自然互动至关重要。（4）应用程序开发工具的优化选取，虚拟现实技术的实际效用极大程度上取决于其应用领域的适宜性与目标对象的选择。恰当的应用定位能够显著提升工作效率、减轻劳动力负担，并促进产品质量的提升。因此，探索与研发高效、易用的虚拟现实应用程序开发工具，对于推动技术的广泛应用与深化其影响力具有战略意义。（5）系统集成技术，鉴于虚拟现实系统涉及广泛的信息处理与复杂模型集成，一个高效、协调的系统集成技术框架显得尤为关键。这包括但不限于信息同步控制、模型校准算法、数据格式转换策略、高效数据管理模型的构建，以及针对多源感知信息的识别与融合技术。上述技术的综合运用，是保障 VR 系统稳定运行与提升用户体验的基石。

3. 虚拟现实技术应用于 Oyster 座椅设计和 3DoF VR 运动模拟器

（1）Oyster 座椅是一项设计与制造技术创新融合的典范，它巧妙地将 VR 融入设计流程，并借助三维铣削技术实现了从概念到实体的转变（见图 6.24）。此项目超越了传统设计的界限，成为对前沿设计理论与先进制造工艺深度探索的标志性工作。设计师阿图罗·泰德斯基（Arturo Tedeschi，2020）利用计算机辅助设计与虚拟现实集成平台 Mindesk（实时 VR－CAD 集成平台开发者），在 VR 环境中实现了设计构想的具象化。Mindesk

作为一款高端 CAD-VR 软件，赋能设计者在沉浸式虚拟场景中直接塑造三维模型，开创了与数字实体互动的新维度，Oyster 座椅即为这一创新实践的生动证明。在 VR 环境中的模型建构不仅是对实物创建的有效预演，还实现了与计算机数控（CNC）制造流程的无缝对接。这意味着产品的设计与生产准备全程在虚拟领域内完成，极大地缩减了对物理原型的依赖，展现了从构思到生产的全链路沉浸式设计新范式，标志着设计与制造领域的一次深刻变革。

图 6.24 Oyster 椅

（2）Yaw VR 运动模拟器（见图 6.25）是由匈牙利新兴企业 Intellisense 精心设计与研发的产品，其创新性地采用了半圆形凹槽结构与外围三轴电机的结合，实现了全方位的三自由度运动控制，被誉为市面上最紧凑且经济实惠的虚拟现实动感体验解决方案。该装置采用独特的球形穹顶设计，支持全方位 360° 水平转动及 50° 倾斜，极大拓展了沉浸式体验的边界。Yaw VR 设备与 Simtools 软件无缝兼容，并能接入超过 80 种模拟应用程序，其中包括市场上最为知名且广受欢迎的品牌，这有助于打破高端系统专享的线性运动追踪技术壁垒。其轻巧设计仅重 3 磅（即 1.36 千克），便于收纳，用户在非使用时刻可轻松折叠存放，提升了便携性。Intellisense 还致力于 Yaw 的跨平台拓展，使其不仅限于 PC，亦能与主流非 PC VR 平台如 Oculus Go、Samsung Gear VR、PlayStation VR 等兼容。此外，Yaw VR 秉持开源理念，鼓励用户参与，允许开发者自定义专属软件的创新与定制，为个性化和功能扩展提供了无限可能，以满足不同用户群体的特定需求和偏好。

图 6.25　Yaw VR 运动模拟器

二、计算机辅助设计

计算机辅助设计（Computer Aided Design，CAD）作为一项跨学科的计算技术集成，于 20 世纪后半叶萌芽。其基石在于借助先进的计算机系统，有效操控和管理产品设计过程中至关重要的图形化数据与信息流，目标是显著提高设计效率与精确度，辅助攻克复杂设计挑战。CAD 技术的覆盖领域极为广泛，主要聚焦于以下几个核心维度：①几何构建与技术文档编撰。通过计算机强大的运算能力，实现产品三维几何结构的精细建模，支持虚拟环境下的组件装配，以及自动产出详尽的工程图纸和技术档，确保设计概念得以精确无误地表达与存档。②视觉仿真与交互式演示。采用前沿的渲染技术，赋予设计作品生动逼真的视觉展现，辅以动态视角变换，促使设计人员与利益相关者能够全方位、立体化地洞察产品外观与内在机理，有效促进设计理念的传递与理解。③工程效能评估与动态模拟。集成高精度的数值分析手段，包括但不限于有限元法、设计优化策略、可靠性测试，以及动力学与运动学仿真，深度剖析产品设计的工程特性，预估其实际工况下的表现，从而引导设计改进路径，大幅削减实体样机制作次数，加速产品从构想到市场的转化进程。

1. 计算机辅助设计软件的主要特点

相较于传统机械设计范式，计算机辅助设计 CAD 技术展现出了革命性的变革潜力，在提升设计效率、精进设计质量、节约成本及减轻人力负担方面，其优势尤为突出。以下是 CAD 技术的核心特征：①设计质量的显著提升。CAD 技术依托庞大的专业数据库，集成各类技术知识、信息与资源，为设计流程奠定坚实的科学根基。通过人机交互，充分发挥人类直觉与机器计算力的优势互补，促使设计方案更为科学合理。特别是优化设计方法的应用，助力关键工艺参数与产品结构的精细化调整，加之统一数据库确保信息的一致性，全面优化设计质量。②设计周期的大幅缩减。自动化的设计计算与绘图功能极大压缩了设计阶段消耗的时间。CAD 与计算机辅助制造“CAM”系统的无缝衔接，显著减少了从概念设计到实物生产的时间跨度，相较于传统流程，设计效率提升至少 3 ~ 5 倍，实现了质的飞跃。③成本控制与经济效益。计算机高速处理能力和自动化绘图设备的应用，显著降低了人力成本，而优化设计则直接促进了原材料的节约。CAD 技术带来的经济效益既体现在可量化的成本节约上，也蕴含于难以精确衡量的创新与效率提升之中。尤其是，CAD/CAM 技术的应用缩短了生产准备周期，加速了产品迭代，从而在市场竞争中占据先机。④人力资源的高效配置。CAD 技术将设计人员从繁复的计算与绘图任务中解脱出来，使他们能够专注于更具创造性和战略意义的工作。据统计，在传统设计过程中，绘图工作占比高达 60%，而这一环节在 CAD 环境中得以自动化处理，释放了人力资源，显著提升了整体工作效率与设计团队的创新潜能。

2. 计算机辅助设计应用于悬垂系列椅和 Viren 椅

（1）悬垂系列椅（见图 6.26）。克里斯托弗 · 斯图尔特（Christopher Stuart, 2010），驻足于美国印第安纳州的杰出艺术家兼设计师，是一位在创作实践中巧妙交织艺术与设计精髓的创意先锋。他的作品不仅体现了情感作为功能性元素的融入，同时也展现了在当代技术中探寻表达界限的不懈追求。斯图尔特的作品集中体现于一系列名为“数字悬垂”的创新物件，这一系列的诞生源于他对 CAD 软件——一种能够模拟现实世界的数字化设计工具的独到运用。在创作流程中，斯图尔特首先采用象征基础家具构成单元的几何体块作为每件作品的核心，随后通过数字手段对其进行包裹，构建出仿若织物的外层。尽管所使用的软件依据预设参数模拟了真实织物的垂坠特性，但他却在这一过程中发掘了更为引人入胜的非预期变量。这些意外发现赋予了作品一种超越常规的特质，使其形态仿佛游走于自然与数字、实体与虚拟的模糊边界，呈现出一种令人着迷的二元对立美学。

图 6.26　悬垂系列椅

（2）Viren 椅——可自动回弹的椅（见图 6.27）。“这把椅子在摔倒时总能自己站回来。”由工程师、研究人员和物理学家联合开发，历时 1.5 年，完全不依赖机器人，仅靠运动和自身设计自行升起。椅子的自动上升功能是基于 CAD 模拟的，在设计过程中，重量几何形状和升降臂形状都是迭代的。如果椅子摔倒了，就会迫使椅子上升——这一功能的关键是重心与椅子几何形状的位置。椅子由消费后产生的塑胶垃圾制成，展示了其多功能性、质量和耐用性。椅子的灵感来源于芬兰运动员拉塞·维伦（Lasse Viren），他在 1972 年奥运会 10 000 米决赛中摔倒，但还是站了起来，最终赢得了金牌，甚至创造了新的世界纪录。

图 6.27　Viren 椅

椅子的发展始终融合科学、技术与艺术于一体，并且随着科学的发展、技术的进步、材料的变化而不断达到新的高度。材料科学的发展和成型加工等科学技术的不断进步推动着椅子的更新换代。更重要的是，每一次新材料和新技术的出现都会从各个方面影响现代椅子的设计，带来现代椅子设计史上划时代的变化。不同时期不同技术和材料的出现和使用，影响并促使设计团队形成了不同的家具审美价值观。不仅材料影响了现代椅子设计的美学价值观，椅子的成型技术也影响了人们对现代椅子的美学认知。20 世纪 70 年代的能源危机使设计上广泛采用合成材料，钢铁的时代告一段落，开始了强调人机工程学及环保的新设计时代，这一时期被称为“人机工程学和生态科学的黄金时代”。如库卡波罗在这个时期做了大量的人体测量工作，搜集数据，为设计服务。在材料上，开始放弃塑胶和玻璃纤维钢，转向木材，利用热压成型技术生产新的、具有环保内涵的夹板家具。这使人们逐渐改变原有的工业化机器审美取向，转向人性关怀和环保的审美意识。受新材料和新技术的影响，自工艺美术运动以来，现代椅子的设计审美价值观一直在发生变化。随着工业革命的完成，钢材等金属材料的出现，以往以高级木材为主的富有人情味的椅子设计审美价值观被强烈的现代大工业机器美学观念取代。到 20 世纪中后期，不可再生资源出现危机，人工合成材料如玻璃纤维等相继出现，受此影响以及对现代主义风格缺乏人情味的反感，具有环保和人性关怀的新型审美价值观念成为主流。总之，在现代科学技术的发展历程中，新技术和新材料不仅带来了现代椅子的新设计、新造型、新色彩、新结构与新功能，还拓展了新的视觉形式，触动了原有的设计风格，影响了人们对椅子的审美价值观念。同时，这种发展特点和趋势还将影响今后椅子设计的发展。

第七章

椅子与设计心理

设计心理学的概念与研究现状

设计心理学是一门新兴的学科，以往对它明确做出界定的学者并不算多。如果梳理一下设计或相关领域中与心理学相关的研究和内容，便会发现由于设计心理学显著的科学交叉性和边缘性，其主要内容往往来自其他学科或设计实践中的相关研究和实践经验，包括生理学、心理学、美学、人机工程学、信息科学以及艺术等。而这些学科又往往相互交叉和渗透，形成一个错综复杂的相关网络，设计心理的相关内容目前尚未形成一个有秩序的、脉络清晰的整体，而是零星分散于各学科和领域之中。不像纯艺术学科的心理学研究相对发展得较为成熟和完整，出现了一些专业的艺术心理学家，目前我们还很难找到一位明确定义为设计心理学家的学者，各位设计心理的相关学者基本从其专业领域出发展开研究，从不同角度和不同学科背景下进行多种尝试，提出了多样性的观点。

赫伯特·A. 西蒙（Herbert A. Simon）是美国著名的人工智能专家、认知心理学家（见图 7.1），在设计心理学领域做出了开创性贡献。他于 1969 年在其著作《人工科学》中首次提出“设计科学”的概念，并强调设计思维的独特性。西蒙的研究为设计领域奠定了理论基础，使学者和设计师开始关注设计过程中的人类心理现象。他是最早明确提出设计是一门关于人工造物的学科的学者，从而使设计学领域开始将设计视为一种复杂的思维活动过程予以关注。正是这一方向，使设计脱去了神秘的面纱，设计的本质被简化为一种“问题求解”的过程。西蒙虽然没有明确提出所谓的“设计心理”，但他的所有设计理论均以思维过程和方式为基础。他敏锐地指出：在一切人工事物（包括艺术）的创造过程中，看似无关的“情感激发”与“技术实现”之间的关键交叉点，在于“评价—生成备选方案—呈现”的决策循环过程。因此，我们应该将他视为设计心理学形成的重要奠基人之一。（司马贺，2004）

图 7.1　赫伯特·A. 西蒙

目前，对设计心理研究最系统、全面的学者首推美国西北大学计算机技术系教授，认知科学和心理学家唐纳德·A. 诺曼。20 世纪 80 年代他撰写了 *The Design of Everyday Things*（《设计心理学》）（见图 7.2），这标志着西方“可用性”设计的先声。他提出了日用品设计原则，并且研究人和物互相作用方式的心理学，这是“构成 J– 心理学的一个分支——研究人和物互相作用方式的心理学”。

图 7.2 《设计心理学》

诺曼认为，设计师所设计的产品，既要具有创造性又要好用、易用，同时具备美感。2004 年，诺曼发表的《设计心理学 3——情感化设计》提出（见图 7.3），产品既要满足使用功能，还应让用户产生快乐的情感。他从人使用产品过程中的心理和生理特征出发，挖掘用户行为背后相关的情绪和感受，并研究这些情绪对用户行为的影响。根据人脑加工的三个层次，将人对产品产生的情感分为本能的、行为的和反思的。这些理论运用认知心理学的成果，对情绪和用户之间的关系做出合乎逻辑的解释，并分析用户对产品的真正需求。（柳沙，2016）

图 7.3 《设计心理学 3——情感化设计》

国内对于设计心理学的系统研究是从 2001 年开始，在这之前，许多院校的艺术和美学专业设有设计心理学相关课程。我国第一本涉及设计心理学的教材是李彬彬教授在 2001 年出版的《设计心理学》（*Design Psychology*）。该书主要通过设计心理学相关理论研究用户的心理，从而优化产品设计，没有关注设计师的心理。这本书与诺曼所著的《设计心理学》在国内设计领域受到高度重视，从此将设计心理学的研究推向高潮。2005 年，李彬彬教授出版了《设计效果心理评论》（*Design Effectiveness Psychological Review*）。2007 年，李乐山等出版《设计调查》（*Design Survey*）。从此，国内众多学者建立起设计心理学实验室，设计心理学开始步入繁荣发展的道路。（Herbert · A. Simon，2010）

设计心理学的研究内容与对象

人的心理是一个典型的黑箱，任何心理学研究都不可能直接观测到心理现象产生和发展的过程，而仅能凭借主体的外显行为、现象来推测其心理机制，设计心理学也不例外，并且由于学科属性，其研究应围绕与设计活动相关的主体行为进行，包含以上部分及其外显活动。

如图 7.4 所示，从用户的角度来看，研究对象包括用户的选择、购买、拥有、使用乃至欣赏这一系列消费过程中的所有心理行为；从设计主体的角度来看，则是以创造为核心的设计行为。正如《设计心理学》一书中所强调的，环境和语境是主要因素，因此围绕设计的其他主体行为也应在研究中加以综合考虑，例如制造、营销、管理、维护和回收等行为。（Herbert · A. Simon，2010）

图 7.4　用户对象

设计心理学以创造产品的设计师和使用产品的用户为研究对象，主要研究两者在设计产品和使用产品过程中的心理活动。专业设计师具有丰富的创造性思维和产品思维。在产品设计过程中，设计师运用他们之前的经验和专业知识进行设计。由于个人思维模式和既往经验的不同，每位设计师都有自己的设计方法和技术。以人为本的设计理念要求设计师在设计产品时更多地运用设计心理学的知识，对用户的心理和生理特征等进行实证研究。在用户研究等阶段，设计师可以运用相关的方法与用户进行高效的交流并发现其行为规律背后的真正需求。

用户是设计心理学的主要研究对象。用户使用产品的过程是感觉、知觉和认知的过程，以用户为中心的设计理念主要体现在尽可能全面地构建出用户的心理模型。用户在使用产品的过程中，通过听觉、视觉、触觉等感觉器官产生感觉，进而发生知觉、意识、注意、记忆和思考等的认知过程。用户的这些心理活动是建立在生理特征、需求和环境基础之上的，因此这些也属于设计心理学的研究内容。

心理学视域下椅子设计的研究方法

对于椅子设计的心理研究，常用的心理量表包括李克特量表和语义差异量表等。另外还有眼动追踪的研究方法，眼动追踪技术是一种基于人类视觉注意机制的客观有效的研究方法，是当前研究中解决客观问题的可行方案。目前，眼动追踪技术可分为三种类型：第一种是基于眼球及其周边特征变化的跟踪；第二种是根据虹膜角度的变化进行跟踪；第三种是主动投射红外线等光束到虹膜上进行特征提取。眼动追踪技术是当代心理学研究的重要技术，广泛运用于实验心理学、应用心理学、工程心理学、认知神经科学、设计心理学等领域。

案例：办公椅形态设计要素眼动追踪试验。（梁惠萍等，2022）以下将办公椅作为例子，运用眼动追踪技术对反映用户感性意向的办公椅形态进行研究。实验样本主要来自网络，从电商平台和相关产品官网挑选 50 款不同的办公椅产品；从中去除带有额外装饰的产品（因过多装饰可能导致被试对办公椅形态偏好的误判，所以将此类样本排除）以及相似造型的产品样本；之后再次筛选掉成像不清晰、形态部件显示不完整的办公椅样本图片；最后确定办公椅样本共 20 个。处理图片为黑白色调，使样本图片比例保持一致；为了更好地展示办公椅各部形态，将主体物的角度调整至 45°，如图 7.5 所示。办公椅的重要功能部件主要集中在靠背、扶手、坐垫、椅腿、座椅调节装置等部位。因此，本次实验按照办公椅的功能部件构成，将样本划分为靠背、扶手、坐垫、椅脚（包括腿轮）和座椅调节装置 5 个形态特征区域。

图 7.5 办公椅形态特征眼动实验样本

眼动实验的过程如图 7.6 所示。（1）实验目的：运用眼动追踪装置捕捉被试观察实验图片时的眼动数据，利用划分兴趣区的方法在各区域内收集被试者信息解读时的表征数据。分析被试视觉信息在不同形态区域内的呈现情况，从而获知哪些产品形态区域更受被试关注。（2）被试选择及仪器准备：被试者均为在校师生，共 15 人，包括男性 9 人，女性 6 人，年龄在 22 ~ 40 岁。经询问，被试皆具有办公椅使用经验，且对办公椅产品特征有一定认知。被试裸眼视力或经矫正能达到 1.0 以上且无散光等情况。被试在实验开始前经过培训，能够顺利完成眼动数据捕捉。使用 Psytech X2-30 型眼动仪配合眼动追踪软件进行实验，该设备主要由眼睛捕捉模块、记录模块、控制软件和数据分析软件组成，可以获得自然的眼动行为数据。

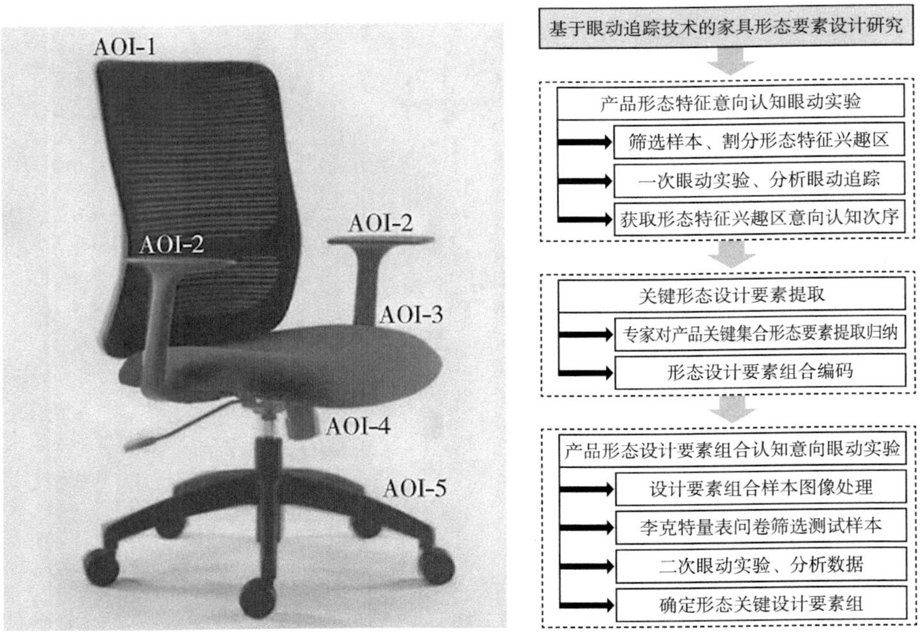

图 7.6　眼动追踪技术家具形态要素设计研究流程图

椅子设计的脑电实验研究。实验以揉捏按摩椅为研究对象，采用脑电图测试的方法，在颈肩和腰背区域选择了三个典型的测量点和按摩模式，研究按摩过程中的三个时期（按摩前、按摩中、按摩后）被试者的脑电波变化。基于研究结果，探讨了将脑电测试技术应用于按摩椅按摩舒适度评价的可行性，如图 7.7 所示。

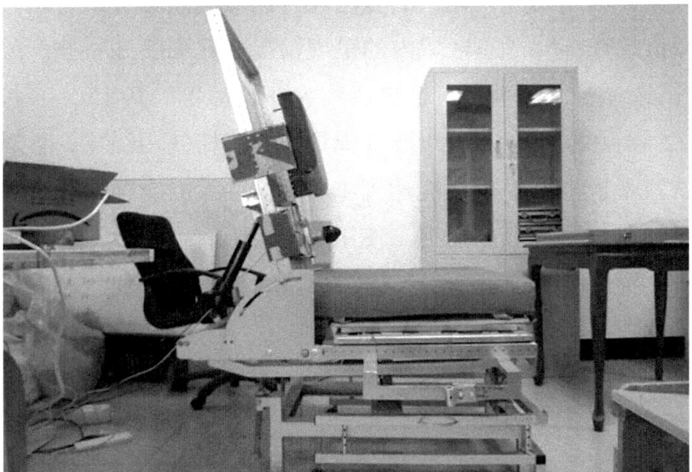

图 7.7　脑电测试实验室

被试者共 12 人，其中男女各 6 名。被试者的基本参数为：年龄 25 ~ 55 岁；试验后再根据实测情况选取脑波波形伪差较少、质量相对较高的 3 名被试作为最终分析对象，其中包括 1 名男性和 2 名女性。实验前，被试者被要求洗头以减少皮肤油脂引起的阻抗；实验中要求被试穿着尽量单薄。根据电生理学理论，α 波的减少表示神经细胞兴奋度逐渐减弱，而大量 θ 波的出现则表明进入睡眠期的开始状态。在实验过程中，图 7.8 展示了 F_3 的 α 波能量变化趋势。从按摩开始到结束的 2 分钟内，被试 1 和被试 2 的 α 波能量呈下降趋势，而被试 3 按摩后能量略有增加。图 7.9 则反映了 F_3 脑区的 θ 波能量呈上升趋势。从按摩开始到按摩后 2 分钟，被试 1 和被试 2 的 θ 波能量呈上升趋势，但被试 3 的 θ 波能量没有明显变化。

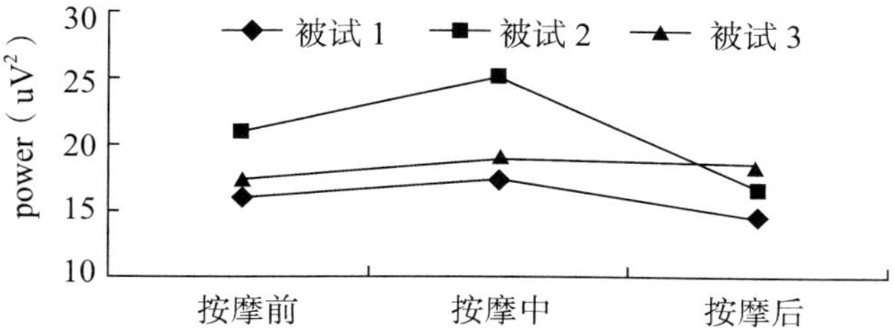

图 7.8　背部区域 F_3 的 α 波能量变化趋势

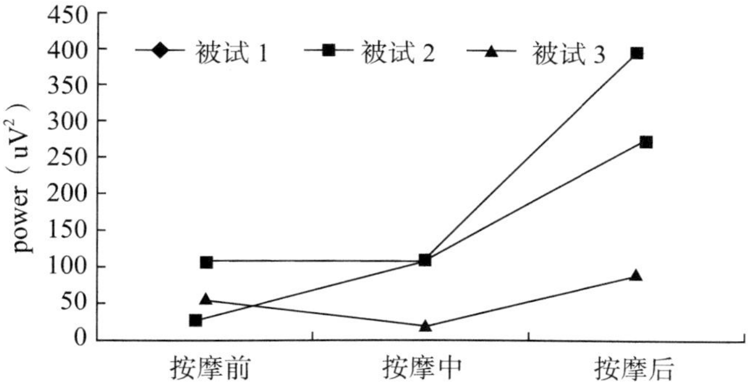

图 7.9　背部区域 F_3 的 θ 波能量变化趋势

椅子设计的心理模型研究

一、基于 QFD 模型的椅子设计研究（易欣等，2021）

QFD，即质量功能展开，是由日本学者赤尾洋二和水野滋提出的一种蕴含源流管理思想的质量管理方法，其以质量屋 QFD 为核心工具，快速、准确地定义产品设计开发中亟须解决的问题，从而达到质量保障的目的。儿童家具设计开发需要经历定义问题、解决问题和成果检验三个阶段，在每个阶段中都需要解决相应的问题。QFD 的优势是能将顾客需求转化为产品需求，在源头上明确产品应具有的特性和质量，即解决“做什么”的问题（见图 7.10）。

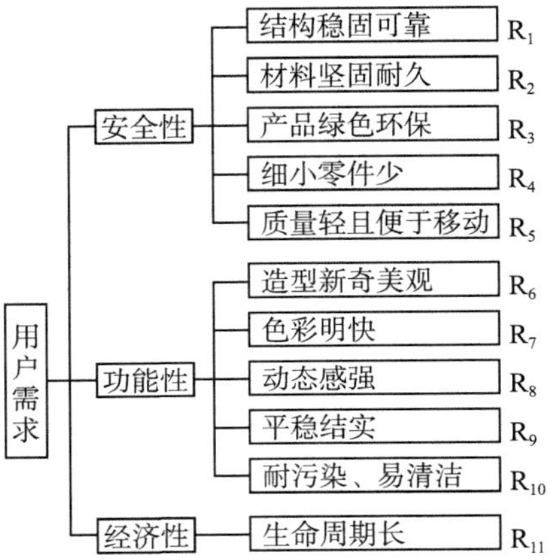

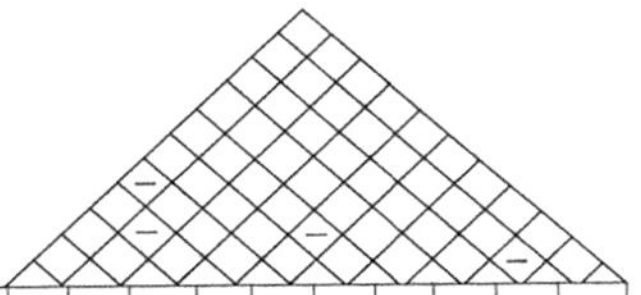

	重要度	相對权重	結構穩固	材料强度高	材料環保	質量輕	結構簡單	生命周期長	造型美觀度高	色彩	動態性强	平穩性强	可清潔度高
結構穩固可靠	9	0.103	5	5			3	5	1		5	5	
材料堅固耐久	9	0.103	3	5				5			3	3	
産品綠色環保	9	0.103			5			3		3			
細小零件少，防止吞食	7	0.08	3			1	5		1				
質量輕且移動方便	7	0.08	1			5	1				3		
造型新奇美觀	9	0.103	1				3	3	5	3	3		3
色彩明快	7	0.08			1				3	5			3
平穩結實，防止跌落	9	0.103	5	3			3	1	1		5	5	
動態感强，可互動	7	0.08	5	3		3	3	1	1		5	5	
耐污染、易清潔	7	0.08					1	3	3	3			5
産品生命周期長	7	0.08	5	5	3	1	3	5	3	3	3	3	5
技術特性得分			2.562	1.939	0.835	0.8	1.967	2.471	1.601	1.498	2.448	2.185	1.349
優先級排序			1	6	10	11	5	2	7	8	3	4	9

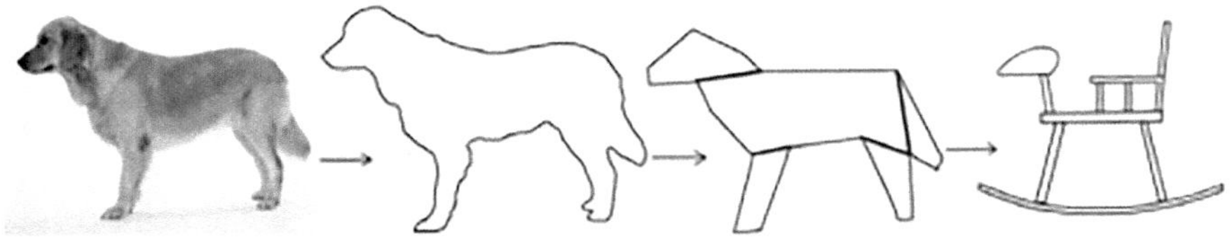

图 7.10　QFD 模型的椅子设计研究框架图及造型简化过程示意图

［图片来源：《集成的儿童摇椅创新设计研究》（易欣等，2021）］

二、基于 KANO 模型的椅子设计研究（侯佳等，2022）

在以用户需求为驱动的设计研究中，由日本东京理工大学的狩野纪昭（Noriaki Kano）教授提出的 KANO 模型是一种有效的需求分类及排序工具。主要是通过问卷调查的方式获取用户对各项产品性能需求的满意度评价数据，分析产品性能和用户满意度之间的非线性关系。将前期确立的 23 个需求项逐一设置正反两个问题，例如针对“A1 外观童趣”，其正向问题为，如果学龄前儿童阅览室桌椅具有“外观童趣”的属性，反向问题则为，如果学龄前儿童阅览室桌椅不具有“外观童趣”的属性（见图 7.11）。受访者在规定的时间内根据自己的感受，按照“喜欢、理应如此、无所谓、能忍受、不喜欢”五个选项进行作答，见表 7.1。

图 7.11　学龄前儿童阅览室桌椅场景

表 7.1　KANO 问卷

需求项	问题	喜欢	理应如此	无所谓	能忍受	不喜欢
外观童趣	具有此类属性	☐	☐	☐	☐	☐
	不具有此类属性	☐	☐	☐	☐	☐

研究团队用时 1 个月，在上海嘉定图书馆的亲子阅览室发放了 1 000 份问卷，受访者主要为利益相关者 B（3~6 岁儿童的陪同人员、儿童书籍爱好者等）和利益相关者 C（阅览室管理员、保洁、维修等工作人员）（见图 7.12、表 7.2）。回收有效问卷共计 963 份。为了验证样本的可行性，使用 SPSS.2 对所收集的指标进行 α 可靠性检测，正反向问卷的 Cronbach’s α 系数分别为 0.866 和 0.815，均大于 0.8，为较高信度。根据 KANO 评价结果分类表（见表 7.3、表 7.4），其中 M（Must–be）代表必备属性；O（One–dimensional）代表期望属性；A（Attractive）代表魅力属性；I（Indifferent）代表无差异属性；R（Reverse）代表反向属性；Q（Questionable）代表可疑结果，也就是正反问题作答时前后矛盾。（J.-Y.Zhu et al，2017）结合受访者对每一需求项的正向及反向问题的作答结果，逐一确定该需求项的属性归类。完成有效问卷中每一需求项不同属性的数量统计后，其中占比最多的可视为该需求项属性归类的初步结论。通过以上 KANO 问卷数据统计所推算出的初步结论，可明确各需求项与用户满意度之间的正反比关系，但无法判断该需求的满足与否对满意度的具体影响值。为此，进一步引入 Better–Worse 系数分析法，进行各需求项的满意度系数计算，见表 7.4。满意度系数（SI）和不满意度系数（DSI）的计算公式为：

$$SI=(A+O)/(A+O+M+I) \tag{1}$$

$$DSI=-1\times(O+M)/(A+O+M+I) \tag{2}$$

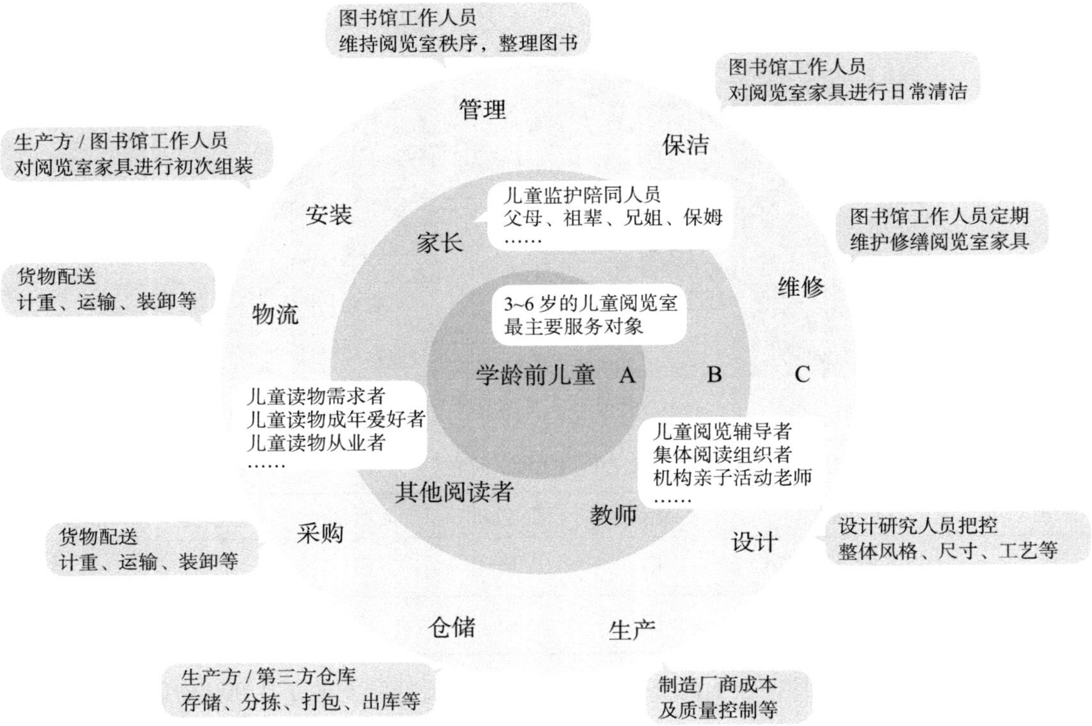

图 7.12　学龄前儿童阅览室家具利益关系地图

表 7.2　利益相关者需求提取

序号	解释说明	需求项
1	A1 外观童趣	满足学龄前儿童用户喜好，桌椅造型偏向可爱风格
2	A2 尺寸合理	符合学龄前儿童用户身高及体重特征，使用舒适
3	A3 结构稳定	桌椅结构稳定不易倾倒，螺丝等连接方式不会对用户造成伤害
4	A4 材料环保	选用绿色环保材质，安全达标
5	A5 边角圆滑	桌椅外部边缘全部圆角处理无倒刺，避免用户碰撞触摸带来伤害
6	A6 防护围挡	针对学龄前儿童用户身体协调的不稳定性，坐具加装围栏
7	A7 坐卧兼备	针对学龄前儿童用户活泼好动的特性，坐具兼备坐卧两类功能
8	A8 坐姿矫正	辅助学龄前儿童用户保持正确的阅读坐姿，避免错误姿势影响健康发展
9	A9 桌面倾斜	可电动或手动调节桌面倾斜角度辅助阅读

续上表

序号	解释说明	需求项
10	A10 辅助光线	灯具与书桌的结合，智能调节光线，保护视力
11	A11 娱乐互动	与多媒体结合，拓展学龄前儿童用户知识摄取范围
12	B1 物品收纳	对用户的包袋物品做短时收纳存放
13	B2 充电设备	配备为手机、平板等充电的界面
14	B3 久坐提醒	通过震动或智能语音，提醒使用者适时站立活动
15	B4 移动方便	桌椅轻巧易移动
16	B5 亲子共读	符合成年用户坐姿尺寸，陪伴学龄前儿童共同阅读
17	B6 阅读氛围	能体现阅览室环境的阅读气氛和文化氛围
18	C1 本馆特色	能体现上海嘉定图书馆独有的特色
19	C2 价格低廉	产品价比高，单价便宜
20	C3 装备便捷	产品易包装、存储及运输，且能简便装配、拆卸及维修
21	C4 便于清洁	不藏污纳垢，能快速清洁
22	C5 节约空间	在特定活动时，可堆栈节省空间，便于存放
23	C6 多样组合	不同组合可应对个体或群体活动

表 7.3 KANO 质量类型评价表

用户需求		反向需求				
		喜欢	理应如此	无所谓	能忍受	不喜欢
正向需求	喜欢	Q	A	A	A	O
	理应如此	R	I	I	I	M
	无所谓	R	I	I	I	M
	能忍受	R	I	I	I	M
	不喜欢	R	R	R	R	Q

表 7.4 KANO 模型分析结果

需求项	A	O	M	I	R	Q	属性归类	SI	DSI
A2 尺寸合理	189	234	468	63	0	9	必备	0.443	–0.736
A3 结构稳定	162	171	504	126	0	0	必备	0.346	–0.701
A4 材料环保	90	270	351	252	0	0	必备	0.374	–0.645
A5 边角圆滑	198	198	432	135	0	0	必备	0.411	–0.654

续上表

需求项	A	O	M	I	R	Q	属性归类	SI	DSI
C4 便于清洁	207	171	387	180	0	18	必备	0.400	−0.590
A9 桌面倾斜	290	309	287	77	0	0	期望	0.622	−0.619
B1 物品收纳	207	576	117	54	0	9	期望	0.821	−0.726
B4 移动方便	198	507	159	99	0	0	期望	0.732	−0.692
B5 亲子共读	171	495	153	144	0	0	期望	0.692	−0.673

SI 数值为正，可解读为当该需求被满足即产品具备该功能属性时，用户满意度会提升，且数值越大越接近 1，该需求项的敏感度就越高，满意度提升速度也越快。DSI 数值为负，可视为当该需求不被满足即产品不具备该功能属性时，用户满意度会下降，且绝对值越大越接近 1，代表该需求项的敏感度越高，满意度下降速度也越快。以各需求项的 SI 及 DSI 系数建立坐标，并以其均值作为临界线进行分割，生成需求象限散点图（见图 7.13）。

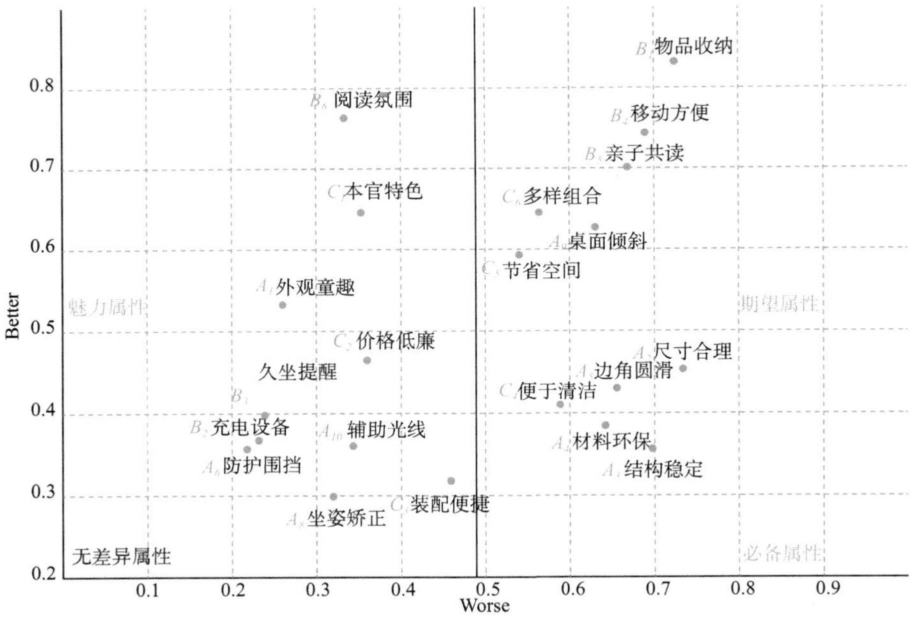

图 7.13　KANO 模型需求象限散点图

三、形态辨认中的心智重组实验

本研究基于 Palmer 的形态识别实验，如图 7.14 所示。实验中将图上方的综合形态进行分解，分解方案为其下方的两两组合。被试者被要求在观察被拆分的单体后，在心智上将之重组为形态，重组的时间通过软件记录并由被试者对完成的结果进行辨认。实验的目的是验证正向构建的结构可以决定心理重组的速度。实验结果显示，在保证正确识别形态的同时，被试者完成高质组件的重组用时约为1秒，而中质和低质组件的重组时间均高于3秒。从结果来看与资料所反映的结论是一致的。相关结论对椅子产品的形态识别分析和椅子图像认知研究具有重要意义。

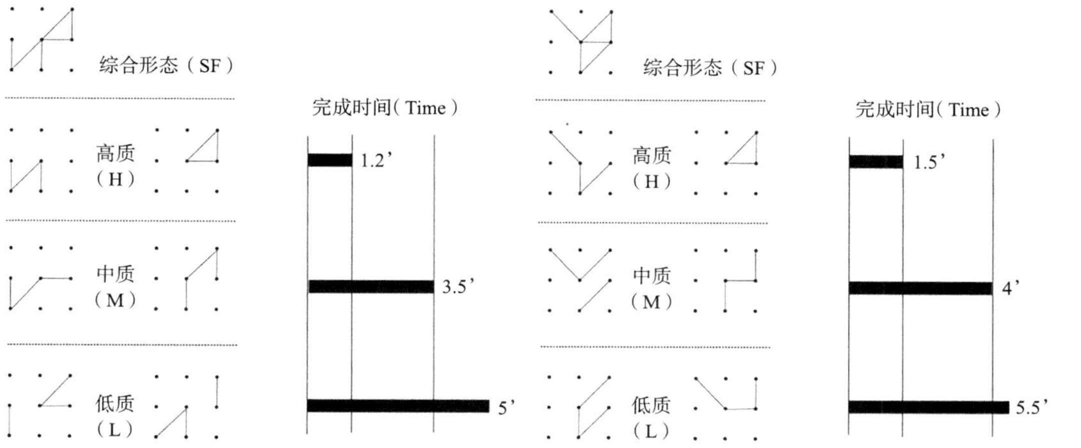

图7.14 形态辨认中的心智重组实验

四、形态特征捆绑

特征捆绑（feature binding）的概念最早是在特征整合和感知分化的研究中提出的，它的引入对促进心理过程的认知神经机制的研究起到了重要推动作用，如图7.15所示。从认知心理学研究中发展起来的形态特征捆绑机制具有广泛的生理和心理基础。相关研究表明，人脑在不同的脑区处理不同的感知信息，而即使是同一物体的表征信息也分布于大脑的不同区位。以视知觉为例，颜色和形状等客体特征在从枕叶到额叶的腹侧通路上得到表征，而运动等空间特征在从枕叶到顶叶的背侧通路上得到表征。形态特征捆绑就是通过把零散的感知信息合理地进行组合，以达到将分散的形态特征信息知觉为整体形态的心理机制。

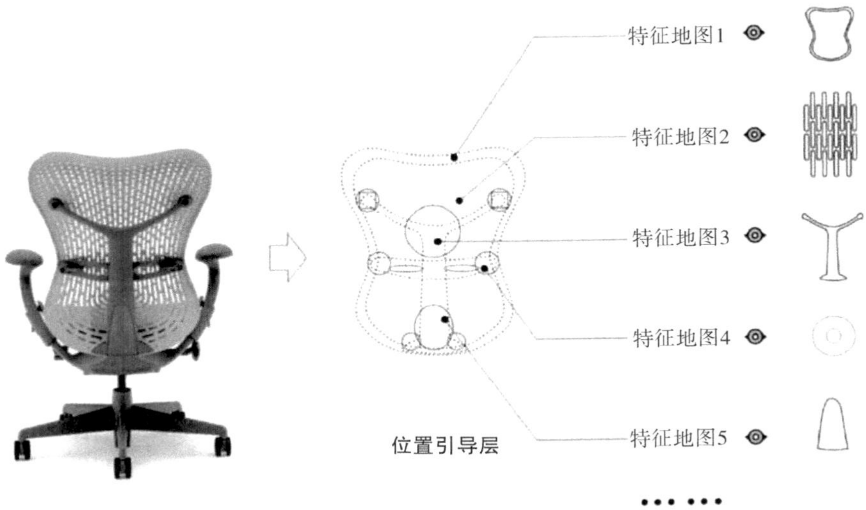

图 7.15　捆绑中的特征整合

人们对沙发靠背的形态意象认知正是通过形态特征的捆绑来实现的。a、b 中的形态基本元素捆绑组合后分别得到形态 c 和 d，c、d 捆绑后形成 f，d、e 捆绑后形成 g，f 和 g 是靠背形态的重要表征单元。二者继续被捆绑得到 h 并完成与靠背形态特征的初步匹配，之后将继续与材质、色彩等特征进行匹配，以达成对产品的进一步认知，如图 7.16 所示。

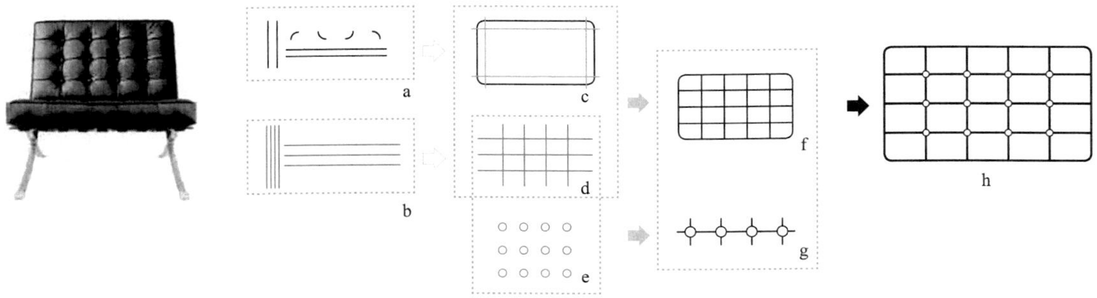

图 7.16　巴塞罗那椅的形态特征捆绑

五、椅子形态特征的可识别性实验

以计算机椅为研究对象，通过实验及分析该类产品形态特征的“识别单元”。实验分为两个阶段：首先，使用专家分析法和形态分析法，对产品进行形态特征分解，确定特征内容；然后，根据用户识别实验和数据统计，验证上述形态特征的可识别性，在其中确定形态特征的“识别单元”。前期收集了 200 款形式各异的计算机椅图像样本。根据图像质量、拍摄角度和背景情况，综合考虑产品造型的相似度和重复样本的数量，选择了 50 款较为典型的图像样本。考虑到产品形态特征识别的习惯和效率，样本图像中的座椅以正侧面呈现，且方向一致。另外为了避免由于色彩偏好对实验结果的影响，样本图像均被处理成灰度图像，如图 7.17 所示。被试由 5 位专家组成，其中 3 位为家具设计师，2 人为产品设计专家，从业 5 年以上。针对选出的 50 款典型计算机椅，5 名专家首先根据专业知识和个人经验，运用形态分析方法对座椅样本进行造型简化和特征分解，表 7.5 中列出的是实验过程中部分产品样本的特征分析情况。

图 7.17　部分座椅样本

表 7.5　办公座椅的形态特征单元

序号	形态特征	构件
1	头靠	无、有（正面形状、侧面形状、靠面弧度、顶部线形）正面形状、侧面形状、靠面横向弧度、顶部线形、两侧线
2	椅背	形、厚度
3	椅座	投影面形状、厚度、座面弧度、前转折面形状
4	扶手	整体形状、扶手面形状、支撑件形状、连接处形状
5	腰靠	无、有（正面形状、靠面弧度）
6	椅背座连接	分体、连体、连接处形状
7	椅脚	爪盘形状、脚轮形状、气杆形状、调节部形状

六、基于语义差分法的椅子意象认知

语义差异法（Semantic Differential, SD）是美国心理学家奥斯古德于 1957 年提出的一种心理学研究方法，主要用于测试被试者对测试样本的意象认知情况。研究采用 SD 法主要是研究用户对椅子产品造型特征的主观评价和认知状况，获取其偏好或喜好度进行量化表征，并作为后期统计分析的数据来源。具体方法是建立多组意义对立的形容词对组成的量尺，让被试对椅子样本进行实验评测并统计相关数据，分析椅子样本在各方面所具有的意义及其程度，获得相对明确的、直观的椅子意象认知结果。

七、椅子的意象满意度对比实验

本实验使用心理量表量化用户和设计师对选定产品样本的综合形象评价，并比较和分析两组获得的满意度数据。参与者被分为两组，一组由 26 位年龄在 24 ~ 40 岁的代表性用户组成；另一组由 12 位具有家具或产品设计背景的设计师组成，他们都有 3 年以上的设计经验，年龄在 25 ~ 30 岁。前期收集躺椅图片 150 余款，整理筛选出 16 张具有代表性的休闲躺椅产品图片（见图 7.18 ）。本实验需要弱化环境因素对意象认知的干扰，因此建议尽可能选择背景单纯或无背景环境的产品图像。对背景环境复杂的样本图片，首先在 Photoshop 软件中去除背景环境，以弱化环境因素对意象认知的干扰。（张华，2013）

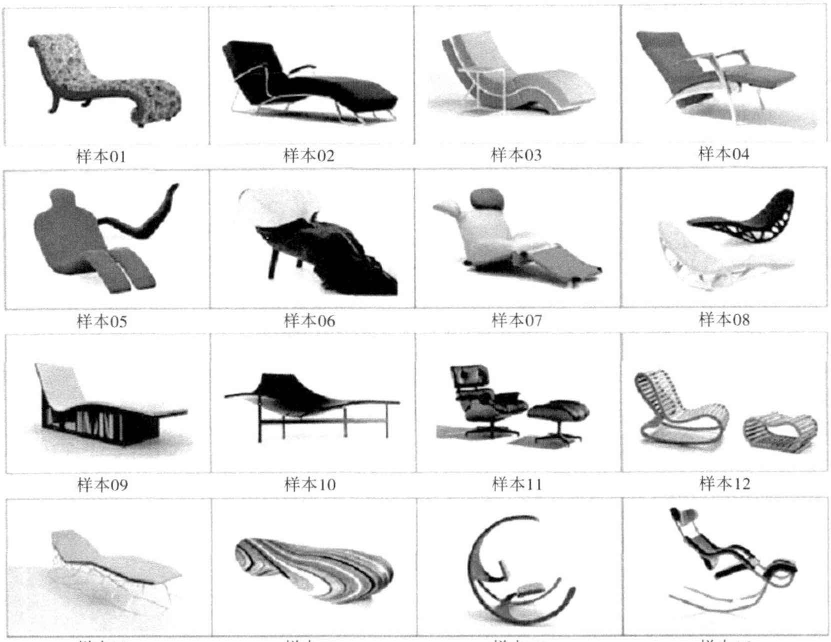

图 7.18　早期休闲躺椅作品图片

八、椅子的心理技术研究

“空椅子技术”是格式塔学派中常用的技术，是使访客的内向外化可见的方法之一。在各种著名和有影响力的完形疗法中，它是最简单、最适合心理咨询的。这种技术通常使用两把椅子，要求来访者坐在其中一把椅子上，扮演“赢家”的角色，然后切换到另一把椅子，扮演“输家”的角色（见图 7.19）。通过这种方法，来访者可以充分体验冲突，并尝试解决冲突，因为来访者可以在角色扮演中从不同角度接受和整合“赢家”和“输家”的心理。通过两部分的对话，人们的内部矛盾和冲突在更高的层次上得到了整合，即学会接受这种矛盾的存在并共存，而不是消除一个人的某些人格特质。基于心理疗法的椅子设计以心理学放松疗法为基础，同时结合按摩技术、脑波疗法、色光疗法、氧气和负离子疗法、太空零重力等多种领先科学技术研发而成，是一款缓解身心疲劳、消除心理障碍、促进人体健康的、心理学与科技跨领域融合的创新性产品（见图 7.20）。

图 7.19　空椅子技术实验过程

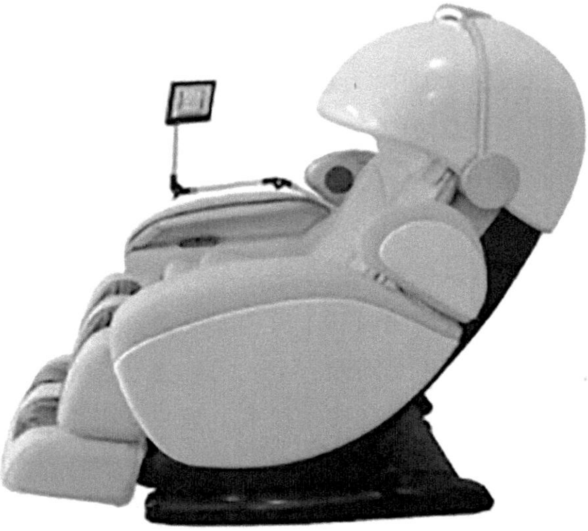

图 7.20　心理疗法椅子设计

椅子设计的心理学理论

一、具身认知理论

莫里斯·梅洛 - 庞蒂在他的《知觉现象学》一书中提到身体嵌入世界，就如同心脏嵌入身体，身体、知觉、世界是一个统一不可分割的整体。具身认知强调认知依赖于一个有着特定知觉和运动系统的机体体验，如图 7.21 所示。

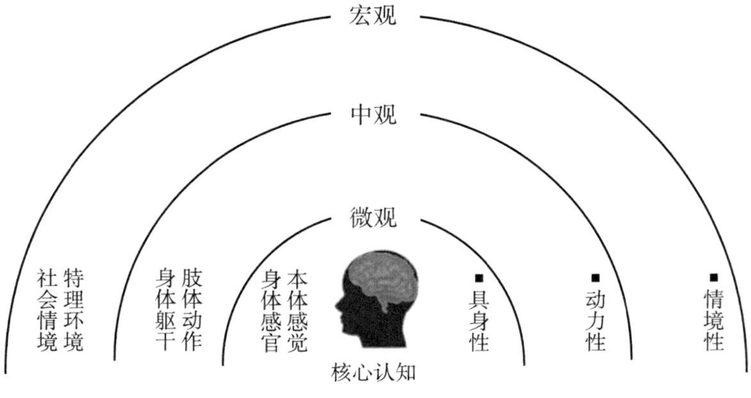

图 7.21　具身认知层次分析

为了提升儿童互动家具的体验性，从具身认知的角度来看，可将儿童与家具的互动过程分成三个层次进行阐述：感知、体验和情境。结合儿童的感知和认知特征、身体行为能力、情境塑造和体验、情感表达和需求，研究者提出了三个层次的七大设计策略，提高儿童互动家具的体验与价值（见图 7.22）。

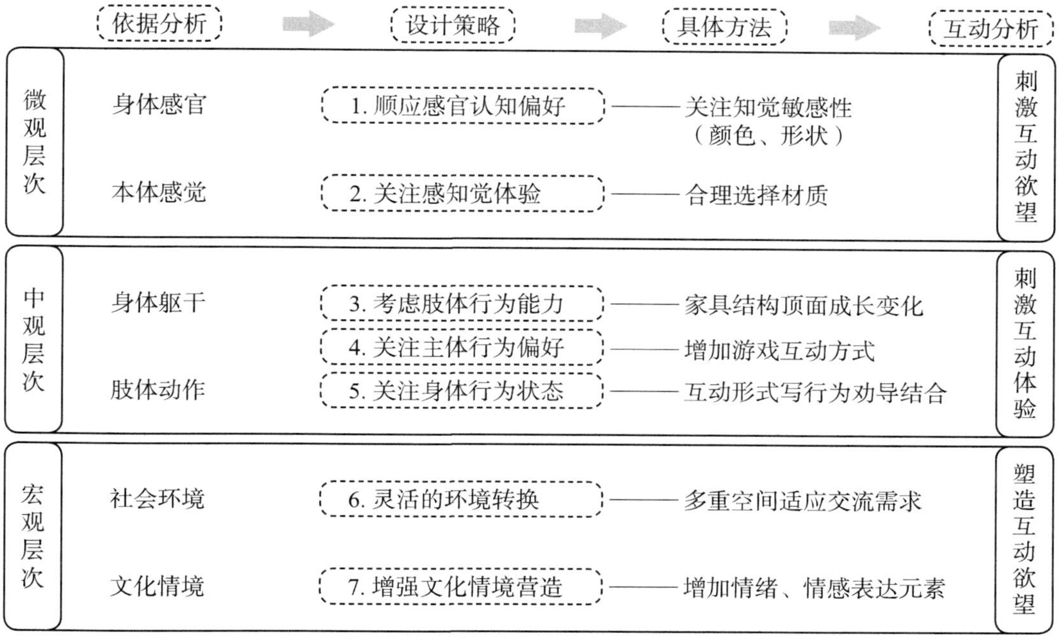

图 7.22　基于具身认知的儿童互动家具设计方法

二、感性意象理论

感官心理学家詹姆斯·吉布森认为，由于世界或环境与知觉者之间的关系是直接交互而不是间接的，研究的基本结论是意象超越了主观和客观的二分法，它同时指向环境和观察者，具有从可以获取的感觉数据中解读物体不能被感受的特征。唐纳德·诺曼认为，意象与物体的本质属性密切相关，并将意象与过去的知识和经验联系起来。其参考框架是行为者的心理和认知能力，即可以认为意象其实是感知到的特性。诺曼将意象这个概念引入设计，并在意象与设计之间建立了理论联系。上述理论提出之后引起了理论界的重大反响，也受到了设计界的关注。2003 年初，后藤武史、佐佐木正人和深泽直人就意象进行了相关讨论和研究。深泽直人认为好的设计应该会被人在毫不自觉的情况下拾取出意象，并强调知觉者的获取（用户的主动感知），而不是与印象等主观性挂钩（设计师强加）。审美意象的形成不是一蹴而就的，如图 7.23 所示，其具体形成可以表述为从审美表象、审美心象到审美意象的基本心理过程，主要的心理活动是直觉、联想、思维和灵感。如图

7.24 所示，椅子产品的意象是心理活动中感觉经验的体现。如图 7.25 所示，当人们专注于椅子时，感知、记忆、想象和思考将同时发生，椅子的形式要素对人的感官刺激会唤起记忆中与之密切关联的特征形式，并激发人们相应的情感情绪。

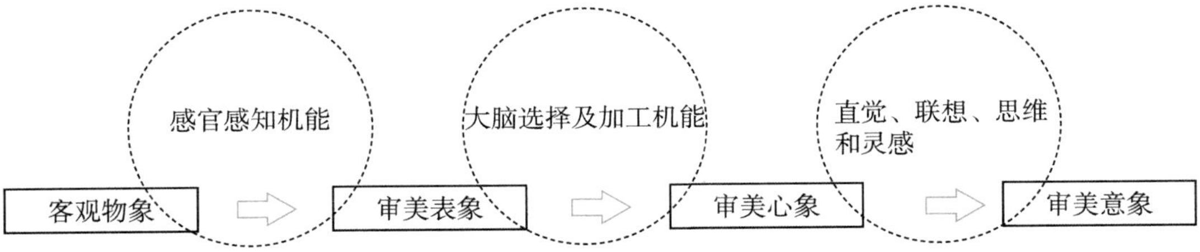

图 7.23　审美意象形成的基本心理过程

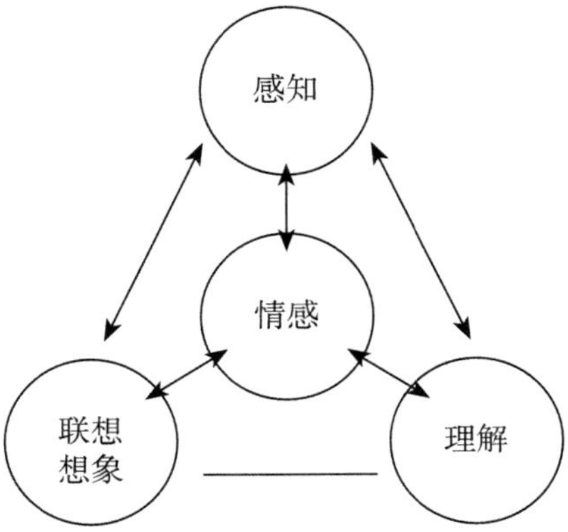

图 7.24　椅子审美心理中的感知

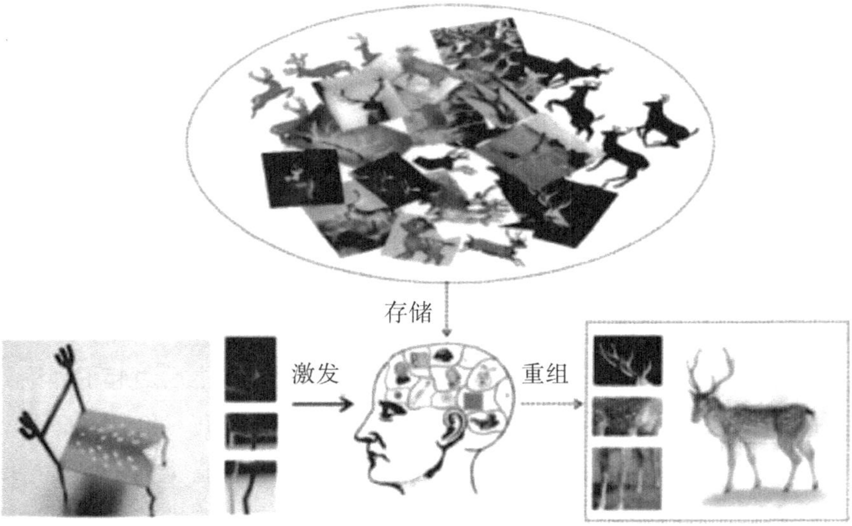

图 7.25　椅子意象的形成

第八章

椅子与智能设计

智能设计的基本概念

设计是一种与人类智能相关的创造性活动，其中的创造性主要指设计的结果是客观物质世界中尚不明确的事物。这种创造性活动实际上主要是对知识的处理与操作，因此设计创造性活动最显著的特点就是智能化。智能设计系统在求解问题时，不仅需要基于数学模型完成数值处理这类具有定量性质的工作，还需要基于知识模型完成符号处理这类具有定性性质的推理型工作。在以往的设计中，设计的智能化主要体现为人类专家的脑力劳动，其中对知识的处理和操作具体表现为人类专家的逻辑推理等思维活动。计算机的出现和飞速发展为模拟人类专家的上述设计思维过程提供了契机。智能设计的产生可以追溯到专家系统技术早期应用的年代。最早的一些著名专家系统中，XCON 是在方案设计这类非结构化决策问题中，将专家系统技术应用于设计领域的例子。美国数字设备公司（DEC）用它来根据用户的订单对 VAX 型计算机进行系统配置，XCON 中集中了该公司 VAX 型计算机系统配置专家的大量知识，因而可以在众多可能的配置方案中选择最合理可行的方案，使计算机系统硬件配置这一订货工作中最困难和技术性最强的问题，得以采用自动化的方法解决。该专家系统投入使用后，DEC 处理用户订单的速度迅速加快，大大节省了雇用专家的开支，设计的成功率可达 95%。在设计过程中，非结构化问题有很多，它们难以用数学模型描述，无法使用数值方法求解。要实现这一大类问题的求解自动化，必须借助于人工智能技术，因此，解决自动化的求解设计过程中大量存在的非结构化决策问题是智能设计产生的背景之一。

另外，在设计中还有大量问题，虽然它们可以用数学模型来描述，但由于问题高度复杂，无法用数学方法找到精确解，只能借助经验性的方法求得近似解。这些问题具有“组合爆炸”的特点，问题空间极其巨大，难以找到可行解。对于这类问题，人类专家具有特殊的求解经验，他们可以根据问题的特点和约束大大缩小求解空间，并在有限的时间内得到工程上可行的或令人满意的解。非结构化问题求解及高度复杂问题求解作为智能设计产生的原因及发展的初级阶段，其共同特点就是采用了单一知识领域的符号推理技术——设计型专家系统，这些系统用于产生满足约束条件的解决方案。目标方案的专家系统是设计型专家系统，主要具有以下特点：

（1）设计结果的多样性和可行性；

（2）设计任务的多层次性和多目标性；

（3）计算与推理交替运行的操作环境；

（4）问题表示、求解策略和方法的多样性；

（5）结构问题的求解和知识表示；

（6）再设计的复杂性和问题的组合爆炸；

（7）求解问题解释的复杂性。

设计型专家系统对于设计自动化技术从信息处理自动化（数值或图形处理）走向知识处理自动化（符号及逻辑处理）具有重要意义。它使人们看到计算机不仅能帮助人类处理信息，还可以基于人类专家的经验和知识帮助设计者进行决策。设计型专家系统的开发对于更高水平的设计自动化具有不可低估的作用，智能设计也是由设计型专家系统发展而成的。

智能设计可以一般性地理解为计算机化的人类设计智能，它是 CAD 的一个重要组成部分。因此，下面将从 CAD 的发展历程入手，对智能设计的概念和内涵加以说明。以依据算法的结构性能分析和计算机辅助绘图为主要特征的传统 CAD 技术，在产品设计中成功地获得广泛应用，已成为提高产品设计质量、效率和水平的一种现代化工具，从而引起了设计领域内的一场深刻变革。传统 CAD 技术在数值计算和图形绘制上扩展了人的能力，但难以胜任基于符号知识模型的推理型工作。由于产品设计是人的创造力与环境条件交互作用的物化过程，是一种智能行为，因此在产品设计方案的确定、分析模型的建立、主要参数的决策、几何结构设计的评价选优等设计环节中，相当多的工作无法建立精确的数学模型并用数值计算方法求解，而是需要设计人员发挥自己的创造性，应用多学科知识和实践经验，进行分析推理、运筹决策和综合评价，才能取得合理的结果。为了对设计的全过程提供有效的计算机支持，传统 CAD 系统有必要扩展为智能 CAD 系统。通常，我们将提供推理、知识库管理、查询机制等信息处理能力的系统定义为知识处理系统，例如，专家系统就是一种知识处理系统。经过这种知识处理技术加强的具有传统计算机能力的 CAD 系统，被称为智能 CAD（Intelligent Computer Aided，ICAD）系统。

ICAD 系统将专家系统等人工智能技术与优化设计、有限元素分析、计算机绘图等各种数值计算技术结合起来，各取所长，相得益彰，其目的就是尽可能地使计算机参与方案决策、结构设计、性能分析、图形处理等设计全过程。ICAD 最明显的特征是拥有解决设计问题的知识库，并具有选择知识、协调工程数据库和图形库等资源共同完成设计任务的推理决策机制。因此，ICAD 系统除了具有工程数据库、图形库等 CAD 功能部件外，还应具备知识库、推理机等智能模块。虽然 ICAD 可以提供对整个设计过程的计算机支持，但其功能模块是彼此相间、松散耦合的，它们之间的连接仍需由人类专家来集成。近年来，随着高新技术的发展和社会需求的多样化，小批量多品种生产方式的比重不断增加，这对提高产品性能和质量、缩短生产周期、降低生产成本提出了新的要求。从根本上讲，就是要使包括设计活动在内的广义制造系统具有更大的柔性，以便对市场进行快速回应。计算机集成制造系统（Computer Integrated Manufacturing System，CIMS）正是在这种需求的推动下产生的。

计算机集成制造（Computer Integrated Manufacturing，CIM）作为一种新的制造理念，正从体系结构、设计与制造方法论、信息处理模型等方面影响并决定着以小批量多品种为主导的现代制造业的生产模式，而作为 CIM 哲理具体实现的 CIMS 则代表了制造业发展的方向和未来。在智能设计发展的不同阶段，解决的主要问题也有所不同。设计型专家系统解决的主要问题是模式设计，其中方案设计作为其典型代表，基本上属于常规设计的范畴，但同时也包含一些革新设计的问题。与设计型专家系统不同，人机智能化设计系统要解决的主要问题是创造性设计，包括创新设计和革新设计。这是因为在大规模知识集成系统中，设计活动涉及多领域、多学科的知识，其影响因素错综复杂，当前引人注目的并行工程与并行设计鲜明地反映出了面向集成的设计特点。CIMS 环境对设计活动的柔性提出了更高的要求，难以抽象提炼出有限的稳态模式，即设计模式千变万化且无穷无尽，这样的设计活动必定更多地带有创造性色彩。

智能设计具有以下五个特点：①以设计方法学为指导。智能设计的发展从根本上取决于对设计本质的理解，设计方法学对设计本质、过程设计思维特征及其方法学的深入研究，是智能设计模拟人工设计的基本依据。②以人工智能技术为实现手段。借助专家系统技术在知识处理上的强大功能，结合人工神经网络和机器学习技术，较好地支持设计过程的自动化。③以传统 CAD 技术为数值计算和图形处理的工具。提供对设计对象的优化设计、有限元分析和图形显示输出上的支持。④面向集成智能化。不但支持设计的全过程，还考虑到与 CIM 的集成，提供统一的数据模型和数据交换界面。⑤提供强大的人机交互功能。使设计师对智能设计过程的干预，即与人工智能融合成为可能。（谭建荣、冯毅雄，2020）

智能设计是一个复杂的交叉学科，同时涵盖了设计对象及智能化层级两方面：理查德·布坎南（Richard　Buchanan）教授认为设计可以根据其对象的不同而被划分为四大类：①面向符号的设计（如媒体 / 视觉传达设计），②面向物品的设计（如工业产品设计），③面向行为的设计（如服务 / 交互设计），④面向系统的设计（如环境 / 商业体系设计）。设计问题的复杂程度也随类别依次增高。设计的智能化程度也分为多个层级：①人工设计，②智能辅助设计（智能程序辅助完成部分设计操作），③人—机协作设计（人与机器智能体共同协作完成设计创作），④自主智能设计（智能体独立生成设计方案），⑤人—机群智协同（多人、多智能体共同协作）。（李杰等，2023）（见图 8.1）

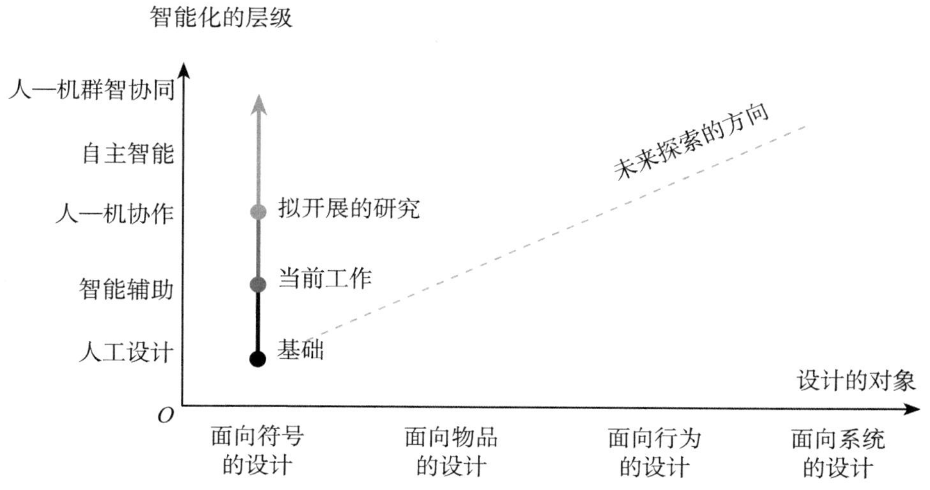

图 8.1 智能设计的现状与未来探索的方向

智能设计的发展概述

智能设计的起源可以追溯到20世纪60年代的计算机辅助设计（CAD）软件的出现。1963年，美国学者伊凡·苏泽兰（Ivan Sutherland）在其博士论文中开发出了一个革命性的计算机程序——Sketchpad，它是最早的人机交互式（Human-Computer Interaction，HCI）计算机程序，成为之后众多交互式系统的蓝本，是计算机图形学的一大突破，被认为是现代计算机辅助设计的始祖。从此掀起了大规模研究计算机图形学的热潮，并开始出现CAD这一术语。进入20世纪90年代，CAD技术的发展愈加成熟，将开放性、标准化、集成化和智能化作为其发展特色，随着人工智能和专家系统技术的不断发展及其在CAD中的应用，智能CAD系统也得到了重视和发展，智能CAD大大提高了设计水平和设计效率，开始涉及更复杂的设计领域，如航空航天、汽车和建筑等。

进入21世纪后，人工智能和机器学习技术的快速发展。这些技术的出现使得计算机可以从数据中学习并优化设计，而不仅仅是按照人类的指令进行操作。这为智能设计的发展奠定了基础。（《设计》编辑部，2024）

智能设计的研究内容

一、设计知识智能处理

人工智能的发展可大致分为符号智能、计算智能和群集智能三个阶段。符号智能构成了半个世纪以来人工智能研究的主流，为实现人类逻辑思维奠定了坚实基础。而以人工神经网络（Artificial Neural Network，ANN）和遗传算法（Genetic Algorithm，GA）为代表的计算智能，在近 20 年内取得了突破性的进展，为实现人类形象思维提供了可行的途径。因此，依托于以人工神经网络和遗传算法为代表的计算智能方法进行设计知识的智能处理，是当前研究的重点之一。从广义上说，知识是人类对于客观事物规律性的认识，具有多种描述形式。就工程设计而言，数学模型、符号模型和人工神经网络是三种主要的知识描述形式。对于数学模型，我们在以往的学习中已经熟知。基于人工智能的知识处理技术，可以使读者对智能设计所涉及的主要知识形态有一个比较全面的认识和把握。此外，知识处理大致可分为知识获取、知识表示、知识集成和知识利用这四大环节。符号系统与人工智能相结合，实现了知识获取和知识集成两个环节，这为实现知识自动获取和知识集成提供了一个成功范例和可行途径。智能设计的发展经历了设计型专家系统和人机智能化设计系统两个阶段，设计自动化程度和创新能力正在逐步提高。以进化涌现等自然法则为核心思想的遗传算法，为进一步提高设计自动化程度和创新能力提供了新的思路。利用智能算法的编码、选择、交叉、变异和适应度评价等操作进行产品方案设计，是设计知识智能处理的主要方法。

二、概念设计智能求解

产品设计早期的概念设计决定了产品全生命周期大部分的成本，不仅影响产品的质量、性能、成本、可靠性和安全性，而且产品的设计缺陷无法在后续设计阶段弥补。因此，在产品设计早期构建以概念设计为核心的设计方法，贯穿于产品全生命周期，可以从源头有效增强产品性能并减少设计的迭代，从而提高产品设计的效率与质量，使得在设计初期就能对性能进行溯源、优化以及预测，有效提升产品的性能。该方法是产品设计理论与性能设计理论的总结与细化。在智能概念设计中，行为被定义为产品结构的状态变化。类似地，在设计早期阶段，行为性能可以用来表达不同结构单元的状态序列，因此其中的智能行为性能被定义为在功能设计阶段表达不同配置单元的性能状态。设计早期的结构是指完成预定功能的载体，其中的智能预测性能是指在设计早期通过智能算法对产品方案中的关键性能进行评估，为产品设计早期中的迭代提供依据。功构映射是通过系统化与智能化的方法，将抽象的功能性描述转化为具有几何尺寸与物理关系的零部件，实现产品的功能约束与物理结构的多对多映射求解。针对功构映射过程中的模糊性、多解性与复杂性，国内外学者开展了大量的研究工作，提出了启发式搜索、赋权自动机、商空间等智能方法进行功能求解。现有的推理方法聚焦于功构模型的可操作性与可表达性，却忽略了结构性能约束在推理适配过程中的关键作用，导致得到的设计方案在整个设计过程中缺乏一致性与有效性，增加了设计的迭代次数。由于在设计早期约束信息具有模糊不确定性，性能适配需要依托智能化的方法，围绕模糊约束信息展开，以约束为设计边界，在功构映射与结构综合阶段准确地传递与满足性能约束，从而获得结构性能较为优良的设计结果。

三、设计方案智能评价

设计方案的评价与选择是决定产品设计的关键。然而，在这一活动中，由于客户需求映射的复杂性、模糊性以及客户和设计者之间交互语义一致性等问题，常常导致产生的质量控制方案具有非唯一性。产品的质量控制方案对产品研发过程中的详细设计、工艺设计等后续工作具有重要影响，因此对质量控制方案进行智能化选择是产品设计中的一个重要步骤。就其本质而言，产品设计方案的评价与选择是一个在不确定环境下进行的复杂多评价准则群体协同决策活动。在此过程中，一方面，由于产品设计方案尚处于概念化阶段，因此难以利用精确、完善的度量尺度对每个准则进行评价，而且不同准则之间存在着错综复杂的交互与耦合关系；另一方面，不同的设计方案评价专家也具有不同的知识水平和决策背景，因此很难达成一致的决策结果。于是，客观、合理、科学地处理这些问题便成为有效评价方案的瓶颈。智能设计系统的方案评价根据智能设计决策的需求，围绕可接受性决策展开讨论。近年来的研究焦点主要集中于如何使用智能化的方法处理产品设计方案评价过程中评价信息的模糊性、不精确性和不完备性等不确定性问题，并且已有案例将人工智能领域中的不确定性信息处理方法成功应用于产品设计方案评价中。该方法可结合实际需求性决策的核心内容和关键问题，对设计方案进行评价。这种智能评价的方式要综合考虑所设计产品的技术指标、经济指标、社会指标等诸多方面的情况，同时设计方案的评价与选择将对整个产品研发过程的效率、成本和客户满意度等方面产生重要影响。（谭建荣、冯毅雄，2020）

智能设计的研究方法

根据智能化水平的差异，智能设计研究方法可被明确地划分为三大类别：思维激发的通用式设计研究方法、需求回应的计算式设计研究方法、数据驱动的生成式设计研究方法。

一、思维激发的通用式设计研究方法

此类方法处于智能化层级的初始阶段，其理论基础深植于设计原理与设计思维之中。思维激发的通用式设计研究方法往往涉及多个领域，包括哲学、管理学、心理学、艺术学等，以质性研究为主，研究过程与结果具有主观性。

二、需求回应的计算式设计研究方法

相较于思维激发的通用式设计研究方法，需求回应的计算式设计研究方法在自动化程度上实现了显著提升，或是综合了多种设计方法的优点。此类方法通过计算机辅助生成概念，极大地提高了设计的构思效率。在获取设计灵感、方案评价与趋势预测等方面，需求回应的计算式设计研究方法展现出了显著的优势。它利用算法与数据分析技术，有效降低了设计师因知识局限和立场差异所带来的不确定性。通过参数化建模与脚本化设计，设计师能够更迅速、更准确地迭代和优化设计方案，从而满足不断变化的设计需求。

三、数据驱动的生成式设计研究方法

作为智能化设计的最高层级，数据驱动的生成式设计研究方法并非沿袭传统的设计思维或原则，而是基于数据驱动的创造力所开发的新型设计方法。它是计算创造力的重要分支，将数据置于设计创意工具的核心位置。特别是无监督对抗生成网络（GANs）等先进技术的应用，使得语义思维网络与视觉概念能够形成完美的闭环。与回应式设计、参数化设计等方法相结合，数据驱动的生成式设计研究方法实现了优势互补，进一步提升了设计的智能化和自动化水平。设计师仅需设定目标、参数与限制条件，即可通过 GAN 等先进工具生成的设计方案进行检查与微调，从而轻松获得理论上的满意解。这种方法不仅极大地拓展了设计的可能性与边界，还为设计师提供了更多创新性的解决方案和更高效的设计工具。生成设计（Generative Design），其定义为“一种形式发现的过程，能够模仿大自然的进化设计方式”。直译过来，生成设计是一种形式发现的过程，这种模式模仿大自然进化的方式进行设计。它从一个明确的设计目标开始，然后探索无数种可能的解决方案，并最终挑选出最佳选择。通过使用云计算等处理技术，生成设计能够进行成百上千次的设计选择，通过不断迭代调整配置参数，逐渐逼近我们想要得到的结果。这个过程可以帮助设计人员探索各种不同的方案，数量级上远远超过个人或设计团队的创造能力，从而能够探寻最有效的设计。生成式设计变得越来越重要。生成方法的根源深植于系统动力学建模，本质上是一个重复性的过程，解决方案在设计操作的几次迭代过程中生成出来。（谭建荣、冯毅雄，2020）

数智创意思维赋能下椅子设计流程研究

数智创意思维赋能下椅子设计流程研究将创意思维与数智技术进行深度融合，目的是使设计师可以更加高效地设计出有独特美学价值又高度智能化的椅子产品。

一、基于场景化思维的椅子设计流程优化研究

案例聚焦于高铁站候车座椅的用户体验，旨在通过场景化思维挖掘乘客候车过程中的痛点，并提出优化设计方案。首先提炼典型候车场景，分析乘客行为，以识别痛点；接着重构候车场景，探索解决方案；最后将设计创意融入高铁站候车座椅的创新设计中，以满足乘客需求，提升候车体验。通过研究发现场景化思维能全面剖析乘客行为，明确候车座椅问题，挖掘潜在需求，进而指导设计，同时该方法也为其他产品创新设计提供了参考。（见图 8.2）（王楠楠、王丹花，2023）

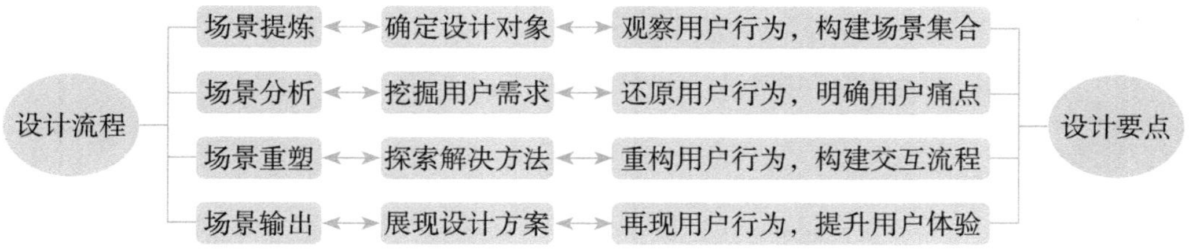

图 8.2　场景化思维下的高铁站候车座椅设计流程

二、基于情境故事分析法的椅子设计流程优化研究

鲁迅美术学院的研究团队详细研究了情境故事分析法在失能老人自护理系统创新设计中的应用（见图 8.3）。设计师通过深入体验和情境模拟，以角色为本，将自己代入失能老人的生活世界。他们分析提炼了不同故事人物和场景，研究了失能老人在使用自护理系统时的生活场景及时间片段所存在的问题。这一过程帮助设计师找到设计介入点，评价产

品的易用性和合理性，最终发掘出失能老人自护理系统的设计创新点，设计出一套失能老人床椅一体自护理系统。（胡海权、于瑞卿，2021）

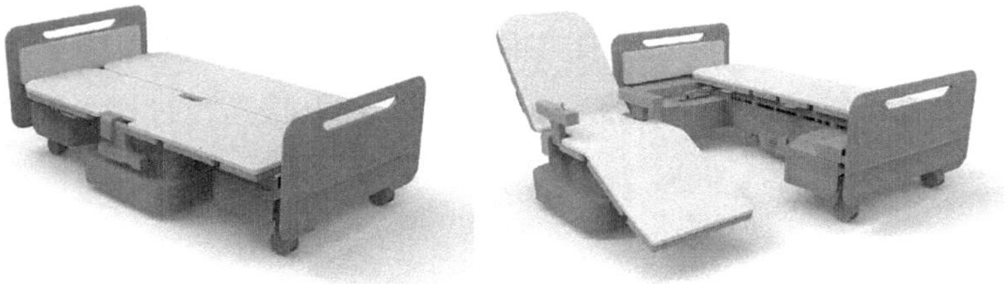

图 8.3　基于情境故事分析法的失能老人自护理系统创新设计

三、基于双赢设计思维的椅子设计流程优化研究

为探索新的设计理念，英国皇家艺术学院、伦敦帝国理工学院的创新设计工程双硕士项目与空中客车公司合作进行未来飞机客舱设计研究（见图 8.4），研究者采用自上而下的体验驱动模型，以客舱质量和氛围为主要驱动力，技术为辅助，进行设计。研究者内部成立了创意小组，由不同学科的硕士生组成，建立了一种使用有限元分析和 Voronoi 几何协商软件的新颖的仿生组合结构，提出了以客户为导向的双赢设计思维方法（见图 8.5）。（Hall et al, 2013）

图 8.4　双赢设计思维驱动未来客舱设计

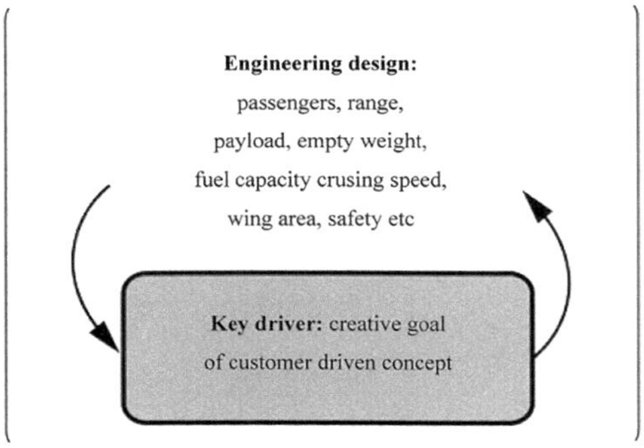

图 8.5　基于双赢设计场景的创意目标特征

柔性制造模式影响下椅子设计计算研究

柔性制造模式作为一种高效、灵活的生产方式，对椅子设计计算研究产生了深远影响。通过模块化设计、个性化定制、参数化设计、有限元分析、优化设计算法以及智能制造技术和柔性生产线的应用，设计师可以更加高效地设计出符合用户需求和市场趋势的椅子产品。

一、基于个性化客户需求定制的椅子设计计算方法研究

增材制造（Additive Manufacturing）的生产能力为不同产品的大规模定制提供了较大的设计自由度。在设计产品的单个变体时，工程师需要探索并利用这一新的解决方案空间。因此，必须改进针对具有个性化客户需求单个变体的模型生成方法，以充分利用这种设计自由度。汉诺威大学构建了一个面向个性化客户需求定制座椅计算设计框架，设计工具箱作为计算设计合成（CDS）的核心组成部分，提供了针对特定案例的输入数据和捕获的知识（见图 8.6）。第一个迭代步骤是布局定义，它包括外部指定的标准，如座椅功能的选择、设备配置，但也包括如所选制造方法等标准。选择也可以自动从车辆配置数据和存储的过程知识中进行。在布局生成过程中，初始解决方案以及优化循环中的所有后续解决方案的建模都会进行。（Steinnagel et al, 2023）

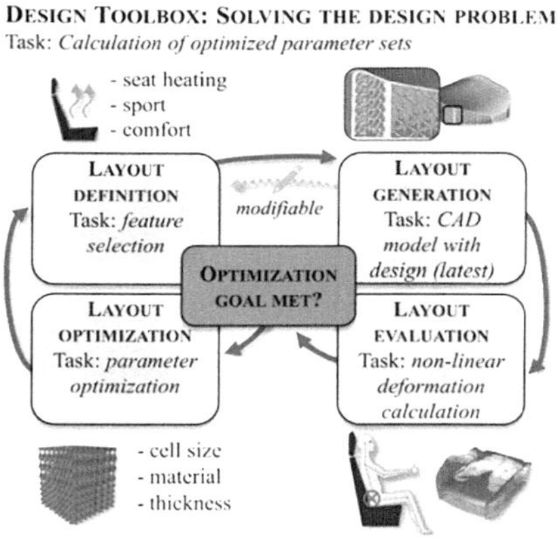

图 8.6　面向个性化客户需求定制座椅计算设计框架

二、基于图解静力学分析的椅子设计计算方法研究

贝尔格莱德大学建筑学院的奥格宁·格罗瓦茨在美国宾夕法尼亚大学 PSL 实验室和苏黎世理工大学 Block Research Group 实验室所做研究的基础上，在 Grasshopper 这个参数化开源平台上发布了三维图解静力学（3D Graphic Statics，3DGS）插件 3DGS 的工作原理，发现其与 PolyFrame 十分相似（Ahmadnia et al, 2020）：通过对封闭凸多面体进行内部几何划分，再由模拟计算进行结构形态翻译。当设计师定义不同的多面体和不同切分方法时，其翻译出的静力结构体也不同。相比 Rhino 平台下自由的 PolyFrame 插件界面，3DGS 插件能够更好地与 Grasshopper 平台其他工具衔接，能够以更加数字化的手法干预初始几何体的切分，以生成更具有复杂性的结构形态。上海视觉艺术学院的研究团队在对三足扶手单椅设计时就运用了 3DGS 工具进行找形（见图 8.7），将椅子的初始形态设定为封闭单斜面六面体，并通过 Grasshopper 平台的 Voronoi 进行形体内部的多次切分。切

分后的几何体借助 3DGS 反向求解出平衡的结构形式，并将其深化为以细木直杆和 3D 打印多向连接件节点构成的椅子。（黄维达，2023）

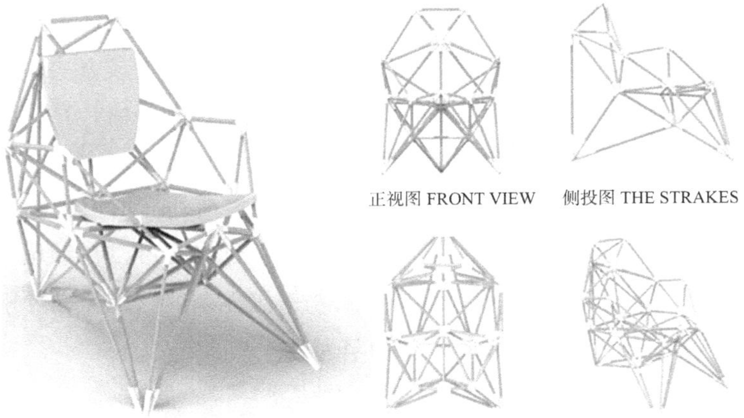

图 8.7　基于三维图解静力学的三足扶手单椅设计

三、基于参数化编程的椅子设计计算方法研究

竹家具设计需要结合现代市场和用户需求。将竹材、设计方法和加工工艺有机结合，用于制造可量产的竹家具，这是现代家具设计的理念和探索方向。薄竹缠绕技术可将竹材进行有规律的缠绕，而缠绕顺序及方式需采用参数化程序进行控制。参数化造型结构设计原理是空间几何，通过特定规则构建坐标点集，对由坐标点构成的函数图形进行控制，两者存在一定的关联性。因此，本研究提出可以运用薄竹缠绕技术，通过参数化编程和交互 App 建设，研发基于薄竹缠绕技术的竹家具智慧开发公共设计平台，以满足个性化的定制需求，让设计师与用户共同参与产品设计，通过“互联网 +”实现产品的数字化智造。（见图 8.8）（刘玲玲等，2023）

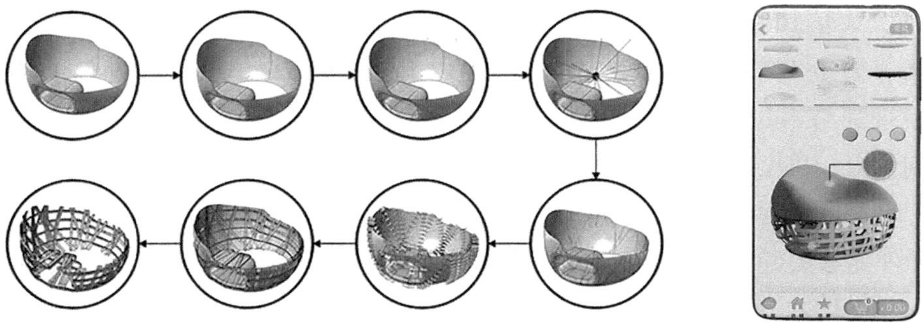

图 8.8　基于薄竹缠绕工艺的参数化坐具设计

生成式人工智能驱动下椅子设计形态研究

随着社会对多样化数字内容需求的日益增长，用户生成内容（UGC）已逐渐难以满足当前的发展需求。在此背景下，生成式人工智能（Generative AI）应运而生，为设计领域带来了全新的变革。设计流程和方法产生了重要的迭代和变革，开启了智能化设计的新篇章。

当前，基于算法和智能技术的设计形态研究是生成式椅子设计的主要研究方向，该领域研究大多集中在视觉图像生成研究上，对形态、结构、风格的研究较少，多以局部智能算法为辅助阶段，缺乏基于人工智能协作的设计形态研究方法、人机协作与形态研究的必要性分析（见图 8.9）。（Zhang & Yin, 2024）

Table 1. Comparison of chair design in collaborative mode with AI.

Picture	Projects and technologies	Reference	Professionality	Structural	Comments
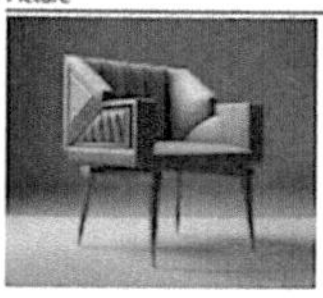	Midjourney Diffusion model	High	Normal	Normal	Low programming requirements, fast generation, good generation quality, but average usability.
	NVIDIA GAN	Normal	High	Low	The generated result is a fuzzy image with structural errors, but it can improve the design and requires further optimization by the designer.
	CH-AI-R GAN	High	High	Low	Data processing is difficult and requires a great programming foundation, but it breaks through the limitations of images.
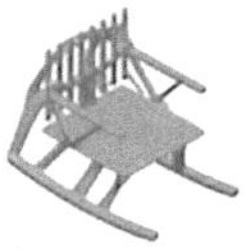	Rocking chair Fusion 360	High	High	High	The result is clear and processable, with a bionic-organic morphology.

图 8.9 人工智能协作模式下的椅子设计比较研究

一、基于生成式对抗网络（GAN）的椅子设计形态生成研究

在智能化时代，设计领域正经历着前所未有的变革。生成式对抗网络（Generative Adversarial Networks, GAN）作为深度学习中的一种非监督式学习方法，由一个生成网络和一个判别网络组成。生成网络从潜在空间（Latent Space）中随机取样作为输入，其输出结果需要尽量模仿训练集中的真实样本。判别网络的输入则为真实样本或生成网络的输出，其目的是将生成网络的输出从真实样本中尽可能分辨出来，而生成网络则要尽可能地

欺骗判别网络。两个网络相互对抗、不断调整参数，最终的目的是使判别网络无法判断生成网络的输出结果是否真实。自 2014 年由伊恩·古德费洛（Ian Goodfellow）等人提出以来，生成式对抗网络已经在图像生成、视频合成、风格迁移等多个领域取得了显著成果。

以北京大学与清华大学研究团队利用生成式对抗网络（GAN）技术改进椅子设计过程的研究为例，其目的在于通过人工智能辅助设计提升设计的实用性和创造性（见图 8.10）。研究首先探讨了如何定义一个好的椅子设计，并指出好的设计应平衡实用性和新颖风格、材料及结构。为实现这一目标，研究人员构建了一个改进椅子设计的深度神经网络，该网络由图像合成模块和超分辨率模块组成。图像合成模块学习训练数据集的底层分布，生成大量椅子设计的候选方案；超分辨率模块则提升这些候选方案的图像质量，使其更适合人类设计师的后续参与和选择。通过这一方法，研究人员成功生成了大量椅子设计的候选方案，挑选了其中一个制作成现实生活的椅子，这是在深度神经网络的帮助下创造的第一把物理椅子，为生成式设计领域提供了新的思路和方法。（Liu et al, 2019）

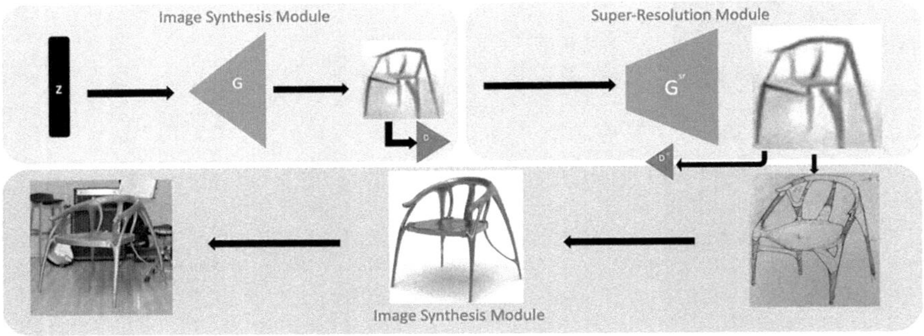

图 8.10　基于生成式对抗网络（GAN）技术改进椅子设计过程

二、基于变分自编码器（Variational Autoencoder, VAE）的椅子设计形态生成研究

爱丁堡大学与艾伦·图灵研究所的研究人员提出了形状变分自编码器（Shape-VAE），这是一种针对部分分割的 3D 对象的深度生成模型，该模型能够捕获对象部分的共存、3D 表面点的位置以及与这些点相关的表面法线的分布，该方法利用 3D 对象的层次部分结构，通过模型生成合理的、新的点云对象，运用强大的表面重建方法来重建平滑的网格几何体，研究以一组椅子数据集为基础进行生成（见图 8.11）。（Nash & Williams, 2017）

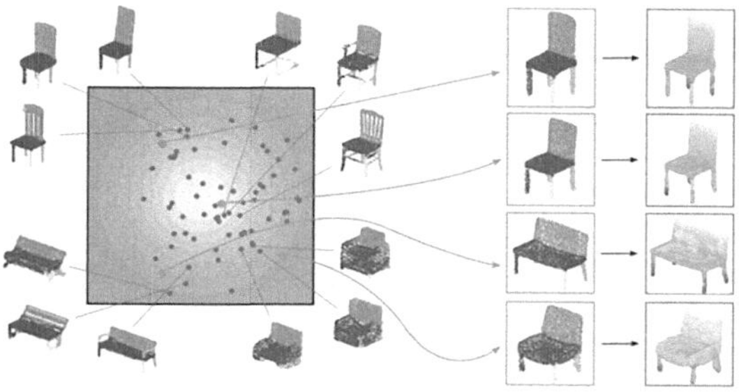
图 8.11　基于形状变分自编码器（Shape-VAE）的椅子形态设计

三、基于扩散模型（DDPM）的椅子设计形态生成研究

阿卜杜拉国王科技大学与慕尼黑工业大学研究团队提出了 3DShape2VecSet，这是一种专为生成性扩散模型打造的新型神经场形状表示（见图 8.12）。该表示法能编码表面模型或点云形式的 3D 形状，并将其转化为神经场。不同于以往将神经场与全局潜在矢量或潜在矢量网格结合的方式，该方法在 3D 形状编码和生成建模任务中性能优越，且在无条件生成、类别条件生成、文本条件生成、点云补全和图像条件生成等多种生成性应用中展现出稳定能力。（Zhang et al, 2023）

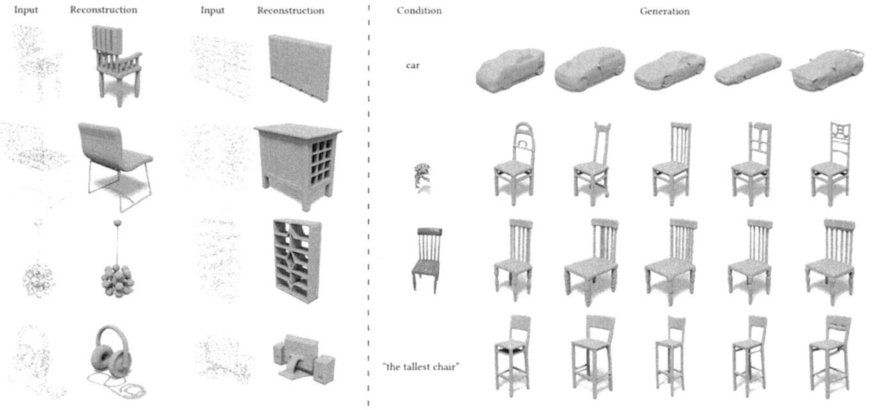

图 8.12　基于 3DShape2VecSet 扩散模型的椅子形态设计

四、基于生成式人工智能模型的椅子设计形态生成研究

以 GPT–4 为代表的生成式人工智能模型在 AI 领域引发了范式转变，能够迅速生成高质量、多模态的内容，如文本、图像、视频以及交互式 3D 内容，这种基于用户指令的设计方法超越了传统设计方法。香港理工大学的研究团队提出了 CockpitGemini 设计框架，该框架结合了生成模型、MAS 和高保真数字人（HDT）技术，为智能车辆座舱提供高度

个性化的设计，通过建构多智能体系统（Multi-Agent System, MAS），以内部协作方式解决复杂任务（见图 8.13）。CockpitGemini 能够根据驾驶员的偏好和实时状态，提供独特的产品设计、交互界面、环境调整和驾驶策略。案例研究证明了该框架的可行性和实用性，但仍需解决一些局限性，如 3D 生成模型的精度和细节不足，以及 HDT 模型主要依赖视觉识别等问题。（Ren et al, 2024）

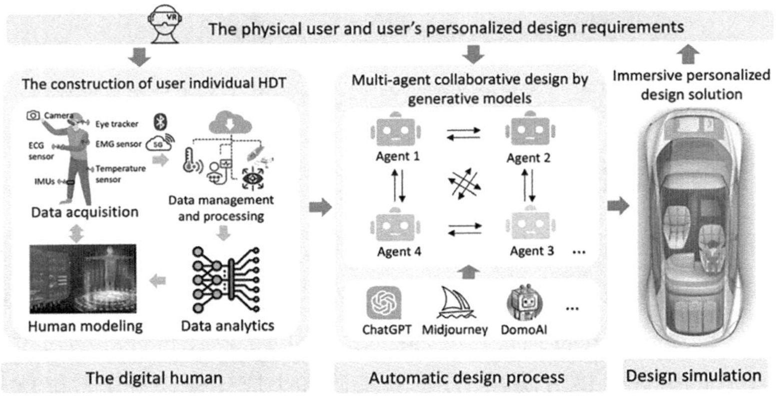

图 8.13　基于生成式人工智能模型的 CockpitGemini 设计框架

五、基于体感互动与增强现实的椅子设计形态生成研究

在现实世界的广阔舞台上，技术的边界正被不断拓宽，特别是在增强现实（AR）与虚拟现实（VR）的融合应用中。这一领域的发展不仅丰富了人机互动方式，也为概念设计带来了前所未有的革新。随着手势技术的进步，用户现在可以通过手势互动，在真实与虚拟交织的环境中自由组合物件，从而创造出全新的设计。这种交互方式不仅直观、富有创意，且极大地提升了设计过程的灵活性和效率。卡耐基梅隆大学的研究团队在 2012 年进行了一项研究，利用触觉感知手套作为设计工具，从创建简单的形状开始，逐步引导用户进入复杂的设计领域。它能够实时捕捉用户的手势动作，并将其转换为以表面和云点形式表示的几何形状，从而使设计师不用烦琐的操作即可在真实环境探索概念设计的细节。这种交互方式不仅简化了设计流程，还使得设计师能够更加专注于创意本身，无须被技术细节束缚（见图 8.14）。（Fuge et al, 2012）

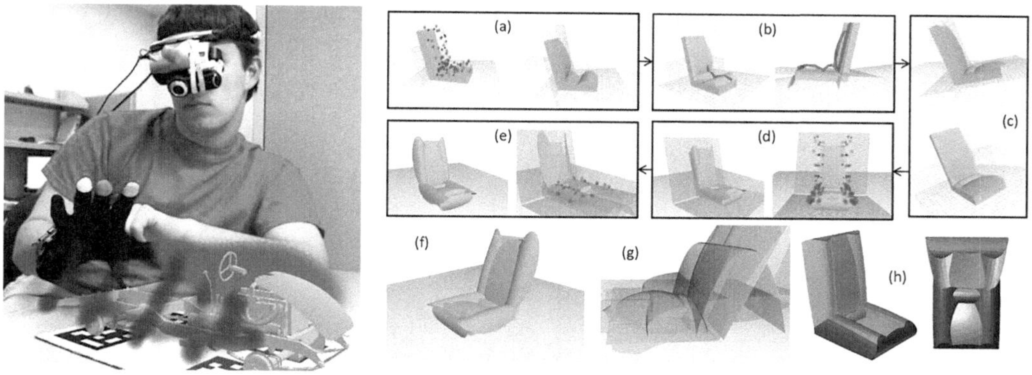

图 8.14 基于体感互动与增强现实的椅子三维形态生成

人工智能辅助椅子设计的案例研究

一、具身智能引领椅子的人体工学新革命

在追求高效工作与舒适生活的今天，椅子的具身智能设计已成为提升用户体验的关键因素。贝氪智能托腰办公椅凭借其创新的科技理念与卓越的人体工学设计，成为人体工学椅的新形态，为用户带来了前所未有的个性化舒适体验。它集成了先进的高级腰椎支撑反馈系统（Advanced Lumbar Support Feedback System，ALSFS）。用户只需在米家 App 中输入个人的身高、体重等身体参数，ALSFS 系统便能精准地识别用户的体型特征。通过运用精密的算法模型，该系统能够计算出最适合用户的腰椎支撑力度，从而确保腰部获得恰到好处的支撑（见图 8.15）。这一过程不仅体现了个性化服务的精髓，也彰显了智能技术在提升用户体验中的重要作用。该系统还内置了压力感知气压随动腰托支撑系统（Airly Lumbar Support Following System），展现了极高的智能化水平，不仅具备入座与离座的自动感应功能，还能实时调节气囊腰靠的支撑状态。当用户落座时，气囊腰靠能够迅速回应并自动充气膨胀，为腰部提供稳固的支撑。此外，通过基座内置的精密感应模块，该系统能够精准地识别用户的不同坐姿，并据此动态调整气囊腰靠的体积与支撑力度，以确保在任何坐姿下用户都能得到最佳体验。贝氪智能椅子凭借其创新的科技理念与卓越的人体工学设计，能为用户提供最贴合、最舒适的支撑效果（见图 8.16）。

图 8.15　米家 App 控制智能办公椅

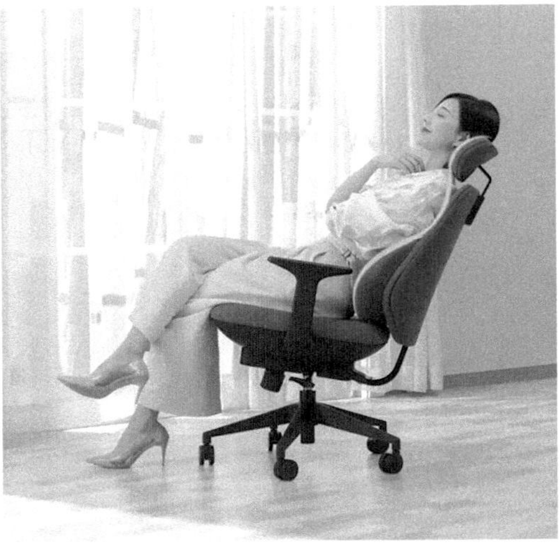

图 8.16　贝氪智能托腰办公椅

二、生成式人工智能构建椅子的复古风格新模型

随着生成式人工智能（Generative Artificial Intelligence, GAI）技术的蓬勃发展与广泛渗透，各行各业正积极探寻其在各自业务范畴内的创新应用路径。宜家（IKEA）旗下的前瞻性创新实验室 SPACE10 深度挖掘宜家过往十几年间积累的家具数据，以此为基础训练及构建 AI 模型，旨在设计出融合不同历史时代风格的家具作品，激发设计团队的创意潜能。SPACE10 团队中的记者乔丝·方（Joss Fong）与设计师亚伦·菲尔基（Áron Filkey）通过生成式 AI 技术回溯并借鉴宜家历史上设计师的独特风格，以 20 世纪 70 年代与 80 年代的家具图片为数据集（见图 8.17），成功构建了一个能够生成具有“老式 IKEA 风格”家具作品的 AI 模型。他们发现当前图像生成式 AI 在设计过程中往往忽略了现实世界的物理法则与实用性考量。尽管 AI 能够学习并模拟大量的设计风格元素，但它尚无法将现实中的物理系统、结构稳定性以及用户易用性等关键因素纳入产品设计范畴。许多由 AI 模型设计的椅子虽然展现出极高的设计美感，但却可能因缺少必要的支撑结构（如缺少一条腿）、整体重心不稳或过于抽象而难以被视为实用的家具产品，更接近于一种形似椅子的艺术装置（见图 8.18）。

图 8.17　训练 AI 模型的宜家家具图片

图 8.18　AI 模型生成的宜家家具椅

三、架空视觉引导椅子的自主机器人新模式

当前机器人多以人类外形及表情为设计导向，担任生活助理的角色。多伦多的一款机器人座椅，以其独特的外观与滑稽的运动技巧，打破了传统机器人的设计框架。该机器人座椅在静态时呈现为普通木质座椅形态，但能在数分钟内自主分解为多个部件，并重新组装。该机器人座椅由架空视觉系统引导，通过无线网络与计算机相连，实现远程控制。其内部算法控制椅子行为，软件结构使其具备环境学习能力，能够在分解后自主寻找并拼接缺失部件，无须人类干预。座椅结构包括铝质底盘、玻璃纤维和碳纤维椅身，以及用于供电的 14 MicroMo 电动机和用于寻找部件的摄像机。在移动端触发分解任务时，机器人座椅能迅速从完整形态转变为散乱零件，随后通过内置摄像头识别、聚集和重新组装各部件。这一创新设计不仅展示了机器人技术的灵活性，也为未来智能家具和自主机器人领域提供了新的研究方向（见图 8.19）。

图 8.19　机器人座椅

四、人机共创开启椅子的算法家具新时代

随着科技的飞速发展，智能设计领域正经历着前所未有的变革。数字技术的广泛应用，不仅改变了传统艺术的创作方式和表现形式，也为家具设计带来了全新的可能。同济大学的张周捷带领团队开创性地进行了“MeshRare”的实验项目（见图 8.20）。“MeshRare”是一个将实体与虚拟数字椅子相结合的数字家具品牌，它代表了数字艺术与设计领域的一次重要创新。该项目不仅展现了计算机算法与人类创造力的完美结合，还开启了算法家具的新时代，为家具设计领域注入了新的活力。通过反复的实验、推敲与演变，“MeshRare”以“生而不同”为核心理念，致力于探索每一个个体的个性与潜力，成为连接虚拟与现实、数字艺术与日常生活的桥梁（见图 8.21）。

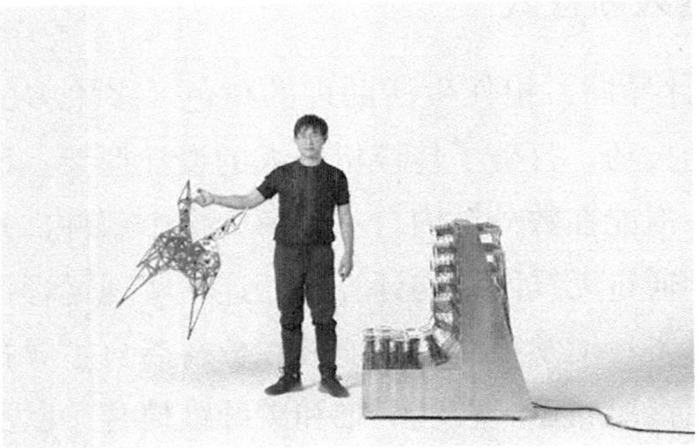

图 8.20　张周捷与算法家具椅

图 8.21　“MeshRare”算法家具椅

五、空间智能营造座舱的人车家全生态新体验

在当今科技日新月异的时代背景下，汽车已从单一的交通工具，进化为集智能科技与人性化设计于一体的移动生活空间。小米智能座舱，凭借其卓越的功能性与用户体验，成为智能出行领域的焦点（见图 8.22）。通过无缝的手机与车机互联，为用户带来了前所未有的便捷性。用户只需简单操作，即可将手机中的多媒体内容在车机上流畅展现。后排空间不仅提供了丰富的娱乐内容，还具备高度的开放性与易用性，满足不同年龄层乘客的需求。而且，小米智能座舱构建了一个完整的人车家生态闭环。通过米家 App，用户可在车机上轻松管理家中的智能设备，实现车内与家居环境的无缝连接。这种生态的完整性，不仅提升了用户生活的便捷性，更让汽车成为一个移动的智能家。例如，家中设置的空调温度可自动同步至车内，确保用户在不同场景下都能有一致的舒适体验。

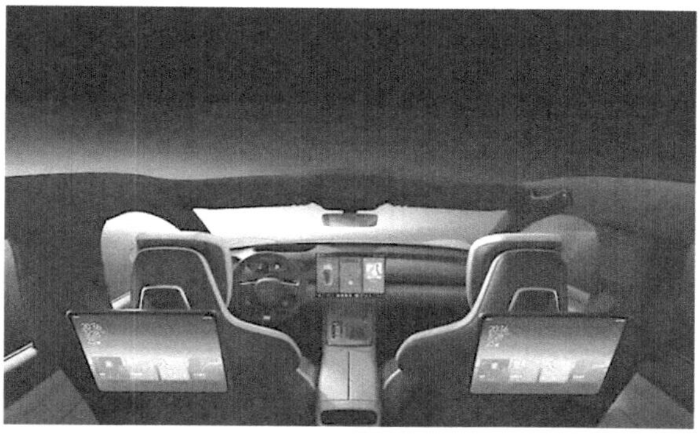

图 8.22　小米智能座舱

六、增强现实技术开发椅子的真实环境模拟新工具

增强现实技术已广泛应用于日常，尤其是通过智能手机及其摄像头和传感器，实现虚拟物体对真实环境的叠加。在家具领域，增强现实应用设计师亚当·皮卡德（Adam Pickard）开发了一款帮助组装宜家品牌家具的增强现实应用（见图 8.23），可以帮助用户更好地感知家具的尺寸、颜色及环境融合度，优化了用户的购买体验。

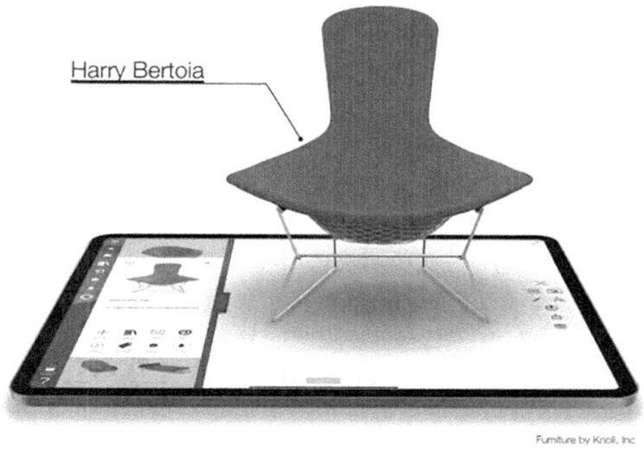

图 8.23　宜家家具组装增强现实应用

七、通用人工智能触发椅子的多智能体交互新场景

2024 年 4 月 27 日，北京通用人工智能研究院发布了全球首个通用智能体“通通”（见图 8.24）。基于原创的认知架构理论框架，以及自主研发的学习和推理框架，“通通”拥有了与众不同的“心智”，区别于数据驱动的 AI，以价值和因果驱动的“通通”能够根据自己的“价值观”做出可解释的决策，而不是简单地执行预设的程序。由于其避开了当前数据驱动的 AI 对大算力、大数据的强依赖，意味着日常训练使用不超过 10 块 A100 芯片，无须依赖庞大的计算资源和海量数据，“通通”即可自主学习与成长。具备

智能泛化能力的“通通”可以在虚拟环境中自主完成任务，实现与椅子的多智能体场景交互（见图 8.25）。

图 8.24　全球首个通用智能体“通通”

图 8.25　通用智能体学习场景

第九章

椅子设计的系统论

系统论概述

系统论被称为“一般系统论”或“经典系统论”，是由美籍奥地利生物学家路德维希·冯·贝塔朗菲（Ludwig Von Bertalanffy）在第二次世界大战前后提出的。之所以称之为“一般”和“经典”，是因为它具有普遍性和适用性。在系统论的观点中，系统是普遍存在的，世上任何事物都可以被视为系统来处理和解决，整个世界就是一个系统的集合。系统论的主题是从系统的角度分析和观察事物，研究对象之间的相互关联、相互影响的共同本质和内在规律。我们也可以将一般系统论视为一种工具或思维框架，它能提供模型，便于在不同领域之间转移，并防止模型陷入那些常常危害该领域进步的似是而非的类比中。贝塔朗菲用亚里士多德的名言“整体大于部分之和”来说明系统的整体性，“整体”的观念成为系统论的核心思想，因此系统论反对以局部来解释整体的观点，认为任何系统都是有机体，系统中的各个要素在孤立于整体的状态下，将会失去其作用。其基本思想是将研究随想视为一个系统，从而分析作为“系统”的研究对象的结构和功能，研究系统、要素及其所处环境之间的相互关系和变动规律。因此，一般系统论具有集合性、相关性、目的性、层次性、环境适应性和动态性这六大特性。解释这六大特性也很简单。首先，满足最基本的要求是，只有两个或以上的不同要素组成，才可形成一个系统，并且系统中的要素是相互关联、制约的关系存在。复杂的系统往往由许多要素组成，每个要素之下又可能分成许多的子要素，因此，系统的层次越多，越显得复杂。在一个系统中，系统的目的是整体的目的，而不是局部要素的单独目的。系统不是封闭的，对外界环境也具有适应性，会随着外部环境的影响进行自我调节，以适应环境的变化，没有环境适应性的系统是缺乏生命力的。同时，系统本身也是动态的，不仅活动是动态的，过程也是动态的。这通过与环境进行物质、能量和信息的交流实现。因此，物质、能量、信息的有组织运动构成了系统活动的动态循环，过程的动态体现在系统的生命周期中，系统本身也处于孕育、产生、发展、衰退和消灭的变化过程中。

从贝塔朗菲于 1945 年发表的《关于普通系统论》至今，系统论已经诞生了 70 多年，他的《一般系统论：基础发展和应用》（1968）出版至今也已经有 50 多年。在此期间，系统论经历了两个阶段：经典系统论阶段和现代系统论阶段。（常绍舜，2011）一般系统论最初是贝塔朗菲在其“机体系统论”基础上提炼出来的一种理论，主题是阐述和推导一般适用于“系统”的各种原理。（孙玉明，2013）现代系统论则是基于经典系统论的新发展成果的综合。虽然两者都是系统论，但由于学科的发展，在一些方面出现了变化和区别。

在研究对象方面，经典系统论将“整体和整体性问题”作为研究对象，可以注意到其没有“系统”这个词，因为在大多数情况下，贝塔朗菲将“系统”和“整体”混合使用。在他的研究中，虽然指出“整体大于部分之和”，但并未将整体作为经典系统论的研究对象来对待。相反，在现代系统论中，系统内部整体与部分的关系问题被明确作为研究对象，清晰地将系统的概念与整体的概念区分开来，并将系统视为整体与部分的统一。从这个角度看，这是一个进步，使概念更加明确清晰。此外，现代系统论还提出要用系统与要素的关系范畴取代整体与部分的关系范畴，这样更能准确表达系统论的内容。从适用性的角度来看，两者都具有跨学科的性质，唯一的区别在于贝塔朗菲认为经典系统论的方法不适用于人类社会，而现代系统论则认为它不仅适用于研究自然界，也适用于人类社会（包括人类思维）。在阐述系统的存在和生长机制上，经典系统论主要采用分析的方法，缺乏系统综合；而现代系统论则更注重对系统发展变化的整体机制和规律的探讨，相比经典系统论的方式更加全面。

系统论在设计领域的运用

武月琴等人通过运用系统论的设计思想，将水铁联运作为整体研究对象，根据功能和目标将其分解为多个子系统，并分析这些子系统之间的互动关系。在此过程中，他们以“机—环境”系统作为研究的核心，结合 TRIZ 技术，识别了水铁联运系统中存在的问题，并提出了改进建议。随后，研究团队进一步应用 TRIZ 技术以及“机—环境”和“人—机—环境”系统理论，对空轨货运动车进行深入分析与设计，利用 TRIZ 工具解决设计中的关键问题，最终提出了具体的设计方案。尹俊方等人则将“人—机—环境”系统理论应用于智能采茶机的设计中，探讨了该系统中三个子系统的相互作用与影响。在设计中，三个层次的互动关系被整合到智能采茶机的功能和操作中，使整个系统更为协调和高效。李萌与王枫红采用系统论的设计方法，通过超越单纯依赖材料应用的产品创新思维，成功打破了设计的局限性。这种方法不仅使整个设计过程更易于控制，还将多种相关因素纳入整体考虑，以实现纸制家居产品的质量最优化。首先，他们分析了现代纸质家居产品的设计，包括纸材特性、产品结构以及设计现状。在此基础上，结合系统性思维与方法，提出了基于“人—机—环境”系统的现代纸制家居产品设计新思路，包括纸材选择的系统性、多种材料的系统性应用以及多种配件的系统性应用。（李萌、王枫红，2018）

“人—椅子—环境”系统

每一把椅子都是一个不同的个体，不同的椅子构成的零件也大有不同，而这些零件的形状和大小迥异，却又各司其职，相互之间紧密结合在一起。我们不妨将椅子视为一个设计系统，如图 9.1 所示，从微观的角度来思考，分析椅子的整体性和各个组成部分之间的关系，如座位、扶手、腿部等；考虑椅子的材料、制造工艺、人体工程学等方面对椅子性能和使用体验的影响；抑或分析椅子在不同环境和应用场景中的适应性和可持续性，以及它们对椅子的功能、舒适性和美学的影响。

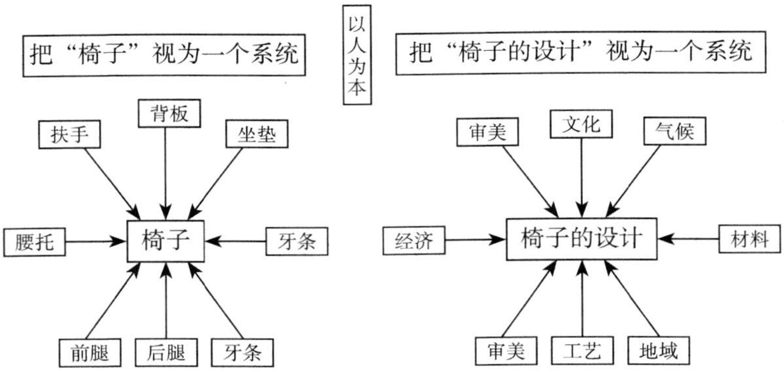

图 9.1　椅子的设计系统与子系统

而从宏观的角度思考，椅子与人（使用者）、环境、文化、材料等因素之间的相互作用和影响，就涉及地理学、人类学、历史学、美学等跨学科的研究范式。但无论这把椅子的设计最终走向何方，都不能忘记椅子最初的“起点”：椅子是为了满足人的坐姿需求而设计的，它提供了一个支撑和舒适的平台，供人们坐下休息或工作。无论整体系统的构成有多么复杂，构成要素的数量有多么庞大，都必须树立以“人”为核心的理念。

因此，本章将以“人—椅子—环境”为框架：椅子、人和环境之间形成了一个动态的互动过程，它们之间存在着复杂的系统关系。从系统论的角度看，我们需要综合考虑人体工程学、环境因素和用户需求，以实现椅子设计与人、环境的协调和互动。人们的需求和行为会受到环境和椅子的影响，而他们的行为和姿势也会对椅子的使用和设计产生反馈。这种系统思维有助于提升椅子的功能性、舒适性和适应性，以满足人们的需求并提供更好的使用体验。

从人文地理学和人因工程学两大学科与设计学进行跨学科的交叉与融合，以椅子为载体，探讨其研究方法。我们可以从场域环境、文化审美、空间组织和环境行为等角度考虑椅子的设计和排列。这样可以使设计更加贴合使用者需求和环境特点，从而提供更好的使用体验和人居环境。

一、环境要素与椅子设计

环境要素对椅子设计的影响可以从系统论的角度进行解释。系统论认为环境、椅子和人是相互关联、相互作用的组成部分，它们之间形成一个复杂的系统。环境要素如气候条件、地形地貌和植被景观，都是外部环境对椅子设计的影响因素。气候条件会影响椅子的材料选择、通风设计和保温性能，以适应不同气候下的舒适性要求。

二、气候对椅子设计的影响

气候条件是椅子设计中需要考虑的重要因素。不同气候条件下的温度、湿度和日照等因素，会对椅子材料的选择产生影响。例如，在炎热高温的气候中，需要选择耐热和耐褪色的材料，以保证椅子在高温下的稳定性和舒适性。合理选择材料、优化结构设计、关注舒适性和耐久性，可以使椅子在各种气候条件下发挥最佳作用，并提供良好的使用体验。加拿大魁北克地区属于高纬度地区，气候寒冷，属于寒地城市，加热采暖这种最古老和直接的设计手段，可以运用到寒地城市坐具的设计中（见图 9.2）。在寒冷天气时，人们坐在座椅上可以接受来自座椅的温暖。在方案一中，座椅的位置设定在公交车站，人流量相对较大。座椅的坐垫采用压力感应发热方式。当人坐下后，压力触动开关，坐垫开始发热；离开后电路断开，停止发热。这种间断发热的方式能避免能源浪费。（冯冠青等，2016）在潮湿多雨的气候条件下，椅子设计需要考虑到防水性能和快速干燥的需求。在海滩或雨林地区，户外椅子可以使用防水材料，并具有良好的排水设计，以便在雨后迅速干燥，让人们感到舒适，同时注意海风的侵蚀。而在干燥沙漠的气候条件下，椅子设计需要考虑到耐热的需求。如在沙漠地区，户外椅子必须采用耐高温材料，并具有耐腐蚀性能，以应对高温和沙尘的影响。考虑到使用者的舒适性，这些示例表明气候条件对椅子设计的影响是多样化的，设计师需要根据具体的气候特点和在地环境来考虑和选择合适的材料、结构及功能。通过合理的设计，椅子可以在不同环境和不同气候条件下提供舒适、安全的使用体验。

图 9.2　加拿大魁北克公交车站坐具图

三、在地材料与椅子的设计

每个区域都有自己独特的生态条件，不同的生态条件也影响着制作材料的选择，它们对椅子设计起着重要的作用。在设计过程中，需要考虑生态环境的适应性、材料的可持续性、环境友好性以及文化传统的价值，以实现与环境的协调和融合，同时提供符合当地需求和偏好的独特椅子体验。如图 9.3 所示，这把椅子的名字叫“固”，设计者是来自中国的张雷。虽然它的主要材料是轻薄的竹纸，却能承载三百斤的重量。这把椅子的产地是余杭，该地区盛产毛竹，竹纸工坊曾经遍布整座城市。设计师张雷与他的团队走遍了余杭 12 个大大小小的村落，寻访到这里传承了几百上千年的油纸伞糊伞工艺、灯笼竹编工艺、竹纸捞纸工艺以及清水丝绵工艺，这些传统工艺最终都在这把椅子的设计与制作上得到体现。由于做竹纸的嫩毛竹纤维张力不够，他们就改用粗毛竹作为原料，并加入 10% ~ 20% 的草作为天然黏胶，以及一定比例的构树皮以增加拉力。竹纸柔软且密度低，无法承压，但是椅子必须承受压力。于是他们不使用竹帘捞，而是直接用手捞出一把纸浆，拍在提前制作好的玻璃钢模具上，拍好一层后放入烤箱烘干，待烘干后再拍一层，如此反复，至少需四层，一把椅子的雏形才算完成。“固”的设计在满足一般椅子作为坐具的舒适和安全需求之外，还通过融入当地的审美、符号和意义，体现地方的产业特色，增强在地文化认同，也极大降低了后期成本。生态条件和在地材料与当地的文化和传统密切相关，设计师利用当地的天然材料，不仅能减少资源消耗，降低成本，还能促进地方经济和文化的传承。材料的使用还可以增加椅子与当地环境的融合度，提升地方特色和独特性。

图 9.3 固

四、系统性研究方法的思考

产品架构的符号学方法（Semiotics Approach of Product Architecture Design，SAPAD）框架以用户行为为线索，以意义为突破口，通过“行为—意义—物件”的多维分析与映射，从意义构建的角度对活动的流程、角色、物品、环境等要素及其关系进行重构。从方法论的角度来看，SAPAD 框架与地方性知识非常一致，均以揭示社会文化的深层意义结构为目标。

在操作层面，SAPAD 框架采用符号学阶梯理论，将使用者行为的意义分为实体层、语构层、经验层、语意层、语用层和社会层等六个层次，逐层深入探讨物的客观属性、物与物的关系、物与人的关系、个人的理解、群体的理解以及社会的共识。尽管地方性知识的引入和设计研究转化地方性知识的路径各有不同的切入点，但它们的本质起点和终点完全相同，即日常生活领域。以椅子为例，可以从不同地区和民族的日常生活中的物品和行为差异中寻找线索，在对情境的深入剖析中构建社会文化意义结构，并从深层次的独特意义中确定突破口，进而将其转化为具有突破性的新产品。

五、地理信息系统

地理信息系统（Geographic Information System, GIS）是一个结合地理学、地图学、遥感和计算机科学的综合性系统（见图 9.4），广泛应用于城市规划、区域生态环境划分等尺度较大的研究中，也可以利用此研究方法探讨人类活动与区域环境之间的关系。这包括空间模式的识别、空间分布的分析以及空间关联的研究等。应该说，地理信息系统本身就是一套具有系统论理念的工具，其本质是将实际环境解构为一个又一个的子系统，每个子系统之间互相关联、互相影响，任何一个子系统的变动都会影响整个环境的表现。然而，这并不代表 GIS 不能用于空间尺度相对较小的环境研究中。例如，可以用于收集和分析与椅子设计相关的地理资料，如人口分布、人口密度和人口流动等。这些资料可以帮助设计师确定椅子的需求量、椅子布局的合理性以及椅子在不同地理区域的分布策略。

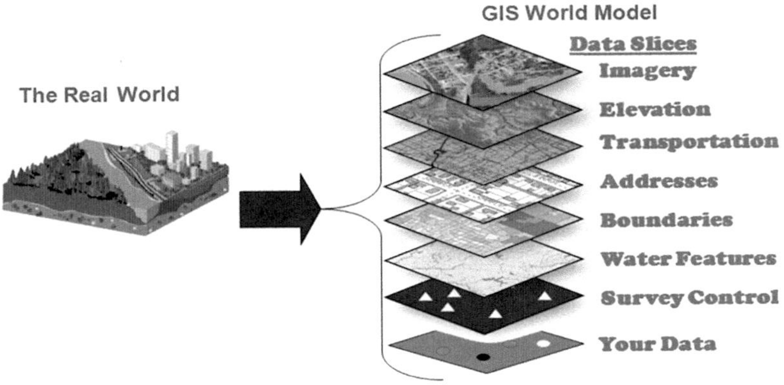

图 9.4　GIS 系统示意图

范例：投影遮挡分析优化公共坐具布局研究——以北京王府井步行街为例。（鲁睿等，2021）此研究以北京王府井步行街中的公共坐具为研究对象，使用 Ecotect 对场地进行模拟并采集坐具投影遮挡资料，通过行为注记法调查人群的坐憩行为分布，并利用 SPSS 线性回归分析研究坐具与行为的关联性，旨在证明坐具的投影遮挡状况对坐憩行为存在较大影响。根据研究时段内的投影遮挡模拟分析结果，对公共坐具布局提出优化建议，以期营造人性化的公共坐憩空间，提升商业步行街的商业和游憩价值。

研究通过实地勘察与 Ecotect 获取公共坐具相关资料，采用行为注记法对不同时段的人群行为进行统计标注，辅以拍照、录像确定空间位置，并记录坐具使用者的年龄、就座原因等信息，考虑季节、天气和时间的影响。在确定场地调研范围后，利用 Ecotect 对商业步行街模型进行分析。将投影遮挡相关资料作为自变量，人群行为指标作为因变量，进行 SPSS 线性回归分析，识别影响坐具使用频率和偏好的因素。提出坐具投影遮挡率计算公式，反映座位受遮挡情况。结果显示，夏季坐具使用者数量与投影遮挡时长相关性强，春、秋季较弱，投影遮挡率是坐憩行为的主要影响因素。如图 9.5 所示，王府井小吃街以南、王府中环及北京市百货大楼附近区域投影遮挡率达 45% 以上，利于提高坐具使用频率。工美大厦西侧、丹耀大厦西侧及北京 apm 购物中心西北侧需优化，可参考 50% 投影遮挡率曲线调整坐具位置。邻近道路交叉口区域需特别关注，可设置乔木或遮阳设施降低日照影响，提升坐具使用率。

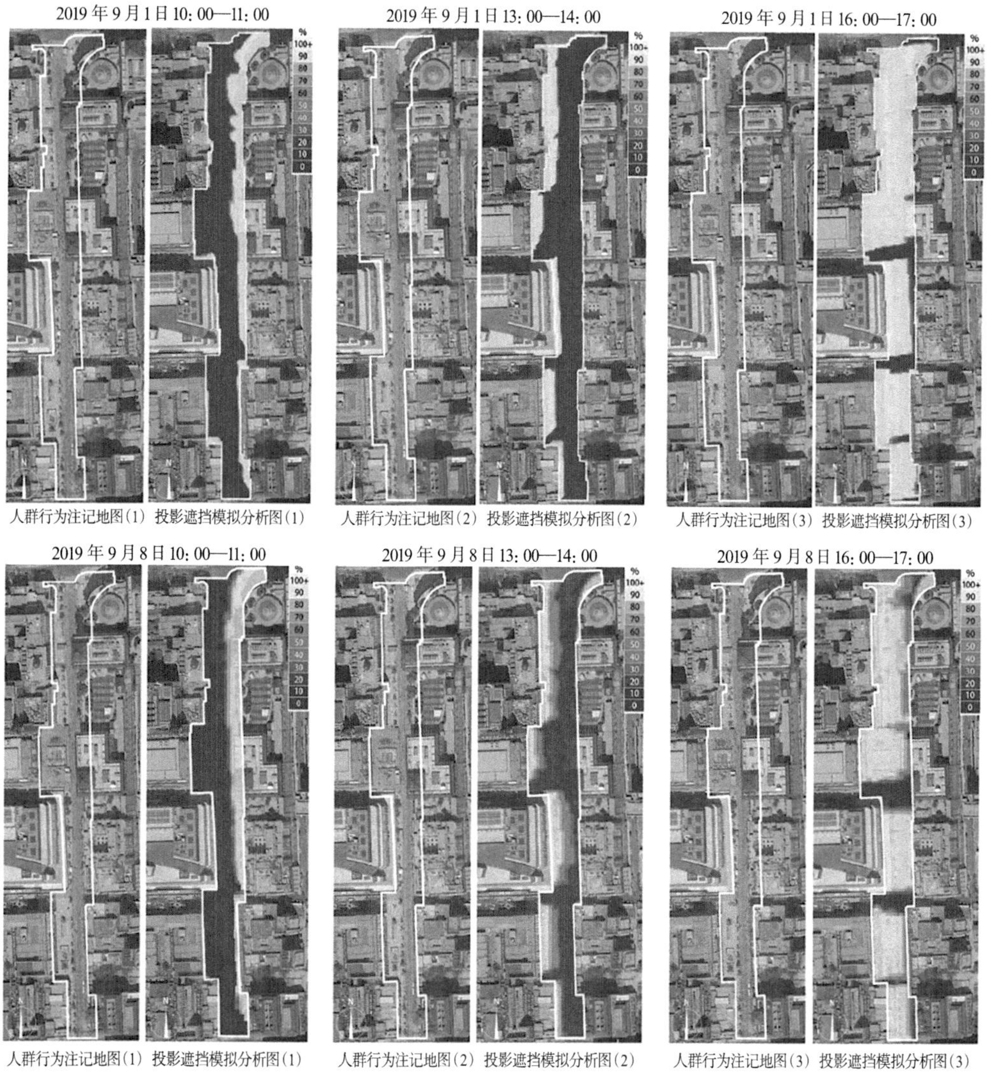

图 9.5　人群行为注记地图及投影遮挡分析

环境行为与椅子设计

在上一节中，我们主要讨论了气候、材料等外部环境因素对椅子整体设计系统的影响，而在“人—环境—椅子”这个系统中，人在不同环境中的需求和行为也会影响椅子的设计。环境行为对椅子设计具有深远的影响，椅子设计作为一个开放系统，与环境和使用者形成相互依赖的关系，可以说，环境行为塑造了椅子的功能需求。不同的环境场景和行为活动对椅子的功能性有不同的要求。从系统论的角度看，环境行为对椅子设计的影响是多方面的，基于以人为本的原则，考虑功能性需求、空间布局和美学情感体验等方面，将环境行为纳入椅子设计过程中，有助于实现椅子与环境和用户之间的协调和适应，从而提供更好的使用体验。

一、问卷调查法

问卷调查法在环境行为研究中是一种常用的方法。它适用于收集大量被调查者的观点和行为资料，用于了解他们对环境的态度、偏好和行为习惯。在运用问卷调查法进行环境行为研究时，需要明确研究目标、设计问题和选项，并选择有代表性的被调查者样本。通过实施问卷调查，在收集资料后进行分析和解释，可以揭示环境行为的特点和趋势。研究结果可以应用于实际环境设计和规划中，提供有针对性的改进建议。然而，在运用问卷调查法时，需要注意问卷设计的准确性和清晰性，以及采样方式和样本选择的代表性。此外，可以结合其他研究方法和观察资料，以获得更全面的研究结果。

问卷调查法的优势在于可以大规模收集资料，广泛覆盖受众群体，提供定量分析的依据。然而，它也存在被调查者主观偏见和回忆误差的局限。因此，在设计和实施问卷调查时，需要权衡利弊，并结合其他方法进行综合分析，以获得更全面、可靠的环境行为研究结果。

范例：基于诉求驱动的高校户外坐具设计。（殷丽清，2019）

研究目的：适应高校学习形式的多元化，满足学生在校园户外环境中学习时对坐具提出的新要求，研究设计原则，梳理出高校户外坐具的设计思路。研究对象：四川外国语大学、华中科技大学、新余学院的学生。研究方法：结合新余学院的地理环境，针对坐具的材料、颜色、功能等方面制作校园户外座椅调查问卷，随机选取使用者进行填写，最后分析总结调查结果，并提出户外坐具设计方案。通过问卷调查，了解使用者的需求（见表9.1）。

表 9.1　问卷调查结果数据表

选项	较多人选项的前两位				较少人的选项	
对现有座椅满意度	数量太少	63.93%	布局不合理	34.38%	造型	23.44%
对座椅材料期望	木材	52.46%	石木结合	42.62%	塑料	0%
对造型的喜好	自然仿生	47.54%	形状简单实用	36.07%	玻璃	3.28%
对功能的要求	有舒服的靠背	63.93%	有顶棚	28%	几何形座椅	4.92%
对颜色的偏爱	材料天然色	63.93%	暖色调	13.11%	是否有照明设施	13.11%
对设置位置的喜好	沿湖区域	72.13%	景色好的区域	44.26%	冷色调、中性色	11.48%

续上表

选项	较多人选项的前两位				较少人的选项	
对风格的喜好	清新自然风格	77.05%	简约现代	49.18%	校门口左右绿地	4.92%
座椅私密性调查	不排斥共享	40.98%	最好一个人	26.23%	奢华	0%
学生校园座椅用途	休息独省	80.33%	谈心	59.02%	非常乐意共享	14.75%
座椅与环境的关系	和谐	65.57%	环保	45.9%	会议讨论	11.48%
座椅形式	多人座椅	51.56%	独立的双人椅	48.44%	独为一体	4.92%

（注：专案中的比例是问卷星计算的比例结果。多选题选项百分比 = 该选项被选择次数 / 有效答卷份数 ×100%；含义为选择该选项的人次在所有填写人数中所占的比例，因此对于多选题百分比相加可能超过 100%。）

最终设计了这款座椅（见图 9.6）。这款座椅可以直接从侧面进入，实现书写行为，同时兼具站立倚靠、靠坐和桌子的功能，满足学生书写、诵读及双人交流等活动。座椅设有顶棚，起到遮风、挡雨和遮阳的作用。座椅两侧腿的接地位置通过螺栓固定在地面，增加抗风能力和稳定性。靠背与坐凳之间设计成分离的形式，方便进出座椅并实现书写行为。从座椅造型来看，主要满足“坐”的功能，次要功能为书写和倚靠。座椅设计有灯和无灯两种类型，可以考虑安装太阳能灯具以实现夜晚照明功能。

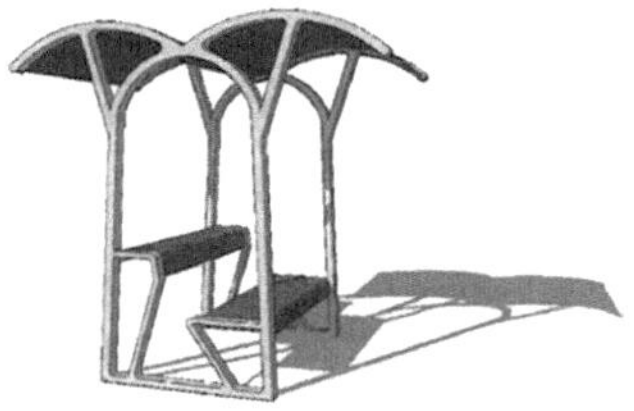

校园座椅概念图（无灯）

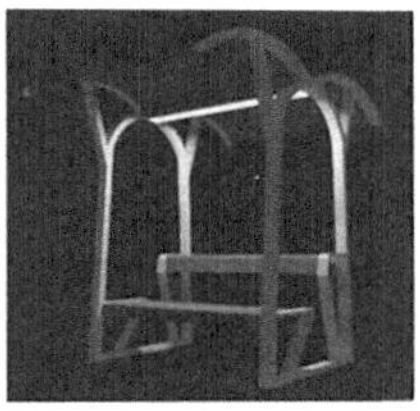

校园座椅概念图（有灯）

校园座椅使用状态图

图 9.6 校园座椅设计示意图

二、观察法

观察法是一种研究和分析人类行为、环境与产品的方法。它通过仔细观察和记录人们在特定环境中的行为、互动和体验，以获取有关他们需求、偏好和行为模式的信息。观察法的目的是深入了解使用者，从而指导设计过程，改进产品和环境的功能性、可用性以及用户体验。通过直接观察人们在不同环境中的行为和互动，可以了解使用者行为与不同环境要素之间的关系。观察法可以揭示环境对行为的影响和反馈，并可分为非参与式观察和参与式观察。研究者通过记录和分析观察到的资料，了解人们的行为习惯和环境适应策略。观察法的优势在于可以获得真实、客观的环境行为资料，提供丰富的细节和情境背景。然而，观察法也存在一定的局限性，如观察者偏见和难以捕捉隐蔽性行为。因此，在应用观察法时，需要注意保持观察过程的客观性和可靠性，并结合其他研究方法进行综合分析，以获得更全面的环境行为研究结果。

范例：基于行为心理的互动体验城市坐具研究与设计。（刘丽雅，2019）

研究目的：研究公共空间中互动体验的城市坐具使人在公共空间内得到短暂的休憩，心理需求得到关怀与满足的实现程度。研究地点：重庆南坪万达广场的公共空间步行街，针对购物和闲逛的人群研究城市坐具的使用状态。研究方法：通过观察人在公共空间下的行为心理，进行对公共空间中人的行为心理的观察和访谈，评价公共坐具的优缺点。提出城市坐具的交互式体验策略与方法，并通过互动体验城市坐具设计案例进行说明与验证。研究者对使用者在研究环境中进行非参与式观察，从使用者行为的反馈得出相关设计结论，并运用于新的设计中（见图 9.7）。

A+B："坐下来休息一会儿吧！"（后面的老爷爷仍然在徘徊）

A+B："来看看今天的朋友圈呀！" C：听不明白现在的年轻人在说什么，还是靠边坐吧！

C："算了，还是走吧。"（D来了，坐旁边）

A+B：继续着他们的话题，D：背坐在椅子的一端。

A+B："走吧，休息好了。"

（D继续刷着今日的头条）E过来坐下（看起来是一个邋里邋遢的人）D与E坐在了椅子的两个极端。

D和E都各忙各的，此时F出现，不怎么情愿地坐在中间。

此时D回头看了F一眼，F有些嫌弃D和E。

F起身离开。

G体现出了与F相同的感觉，并采取了类似的举措。

H："这是个好地方，没有人，清静一些。旁边位置上是什么，脏兮兮的！——算了，我还是不坐这了。"

站起来，转身离开。

图 9.7　非参与式观察使用者在环境中的行为与反馈图

人与人的互动：城市坐具在使用过程中，人们可以根据自身需求与朋友或家人进行DIY互动体验，形成一个半围合的私密空间，并与不认识的人保持一定的社交区域。这样的设计尊重了人与人之间的距离要素，满足了人的自然需求和社会需求。

人与物的互动：人在使用城市坐具的过程中，可以自由旋转方位，满足个性化和趣味化的精神需求。

物与环境的互动：人、城市坐具和公共环境三者相互联系，使坐具由静态物体转化为可变化的物体，并与周围环境产生互动。因为人与坐具的互动，不可变化的空间也因此产生了多样化的变化（见图9.8）。

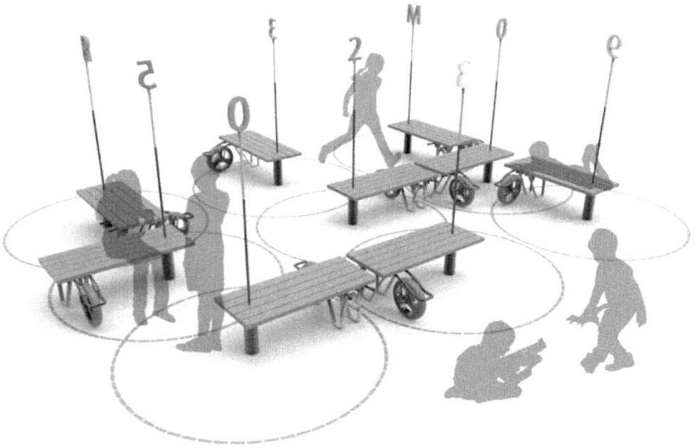

图9.8 旋转互动椅效果图

三、人因工程学—模拟实验

人因工程学是研究人类与技术、工作环境以及其他系统之间的交互关系的学科。它关注人的认知、行为、能力和限制，旨在改善人与技术、工作环境和其他系统之间的匹配，提高安全性、效率和用户体验。

通过实验设置和控制变量，研究者可以类比特定的情境和条件，观察和测量人的行为、反应和认知。实验研究可以帮助研究者深入理解人的能力、限制和行为规律。另外，通过对特定任务的分解和分析，研究者可以识别任务的认知要求、决策流程和信息处理需求。认知任务分析可以帮助研究者设计和优化界面、工作流程和培训方案。最终建立虚拟环境或使用模拟工具，研究者可以模拟特定任务或场景，观察和评估人的表现和决策。模拟可以帮助研究者在实际实施前进行预测试和优化。

范例：*Dynamic Seat Assessment for Enabled Restlessness of Children with Learning Difficultie*《有学习困难的躁动症儿童动态座椅评估》。

研究对象：注意力缺陷多动障碍儿童（Attention-Deficit/Hyperactivity Disorder，ADHD）。研究背景：为了减少注意力缺陷多动障碍儿童在课堂上带来的骚动，目前许多学校在课堂上会为这些特殊儿童提供治疗球用于上课，但是也存在诸多问题。本研究目的是评估一款仍在测试中的动态座椅，全面研究座椅类型对不同儿童的学习效果影响。

1. 实验参与人员

23 名儿童，其中包含 11 名患有 ADHD 的儿童（8 名男孩和 3 名女孩，年龄在 9 ~ 11 岁）和 12 名没有 ADHD 的儿童（6 名男孩和 6 名女孩，年龄在 8 ~ 10 岁）。

2. 实验组

使用了三种座椅（见图 9.9）：常见的学校座椅，具有典型的设计——木质框架，有靠背但是没有扶手；标准的治疗球，有两种尺寸（球直径：45 或 55 厘米），根据参与者的身高选择合适的尺寸；活动座椅，它拥有一个灵活的座椅和靠背，以及一个可调节的脚踏板，模仿摇摆。

图 9.9　从左至右分别为学校座椅、治疗球、活动座椅

3. 实验仪器

（1）惯性测量单元（IMU）：使用 7 个惯性测量单元（IMU）中的加速度计测量下肢的运动强度，这些加速度计分别放置在左右脚脚背、左右小腿前方、左右大腿前方和骶骨上。

（2）Sense Wear 传感器：测量皮肤电导水平，使用 Body Media Sense Wear AB155，将其放置在非惯用手的上臂上。

（3）热成像及摄影机：使用 FLIR T650sc 热成像相机监测面部皮肤表面温度，该相机捕捉 24 位元图像，每秒 50 帧。架设两台摄影机，一台捕获参与者的侧面视图，另一台捕获参与者的正面视图，共同提供参与者运动的完整概述（见图 9.10）。

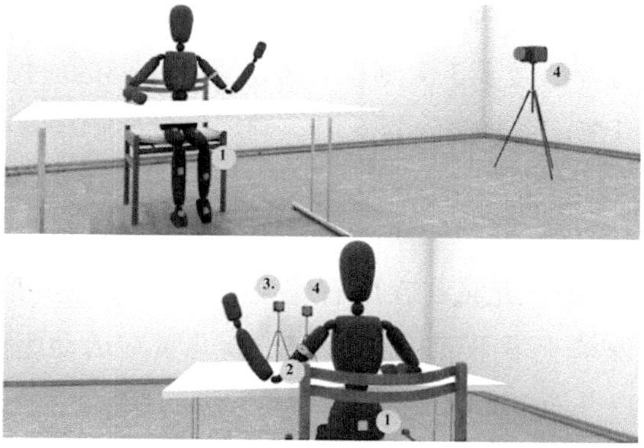

1-IMU、2-Sense Wear 传感器、3- 热成像摄影机、4-（RGB）视频摄像机

图 9.10　实验仪器摆放示意图

4. 实验人员将参与以下五项认知测试

（1）空间工作记忆（SMW）。参与者必须更新出现在荧幕上的彩色方块的序列，该序列随着每次尝试而延长。在两个错误答案后任务被终止。正确答案的数量表示 SWM 的估计容量。

（2）语言工作记忆（VMW）。评估为三个数位范围的变量：数值范围前向（参与者以相同的顺序重复听到的数位串，例如，3，2，6 更新为 3，2，6），数值范围后向（参与者将听到的数字串按倒序还原，从最后一个到第一个，例如，3，2，6 更新为 6，2，3），按大小编辑数位范围（参与者将听到的数位串由小到大进行编辑，如 3，2，6 更新为 2，3，6）。最短的串由 3 个数字组成，每答对一个数字，串就会变长。如果回答错误，则给出另一个长度相同的字符串。如果后者不能恢复，任务就终止。数位 0 ~ 9 包括在内。所有三种变量的平均正确答案数代表了 VWM 的估计容量。

（3）TMT–AD 测试。参与者必须正确地将圈出的数位和字母连接起来，而不能从桌子上拿起笔，交叉连接。

（4）阅读理解（RC）。

（5）伦敦塔测试（Tola-ad）。参与者用最少的移动次数来获得所需的球的排列的正确估计份额。

认知测试的顺序为：SWM 测试、VWM 测试、TMT-AD 测试、RC 测试和 Tola - ad 测试。为了使儿童的效率达到最佳，所有的测量都在上午进行，从而减少了在测量前存在考试或体育课等情况。实验过程中保证恒定的光照、空气温度和湿度。

为了确保 Sense Wear AB155 传感器的运行和面部温度的热调节，测量系统的安装和座椅的准备花费了 10 ~ 15 分钟。传感器被连接起来后，根据参与者的身高调整座位。之后参与者开始进行认知测试，这些测试总是按照相同的顺序进行。每次测试后，在参与者的要求下，有可能进行最多 2 分钟的休息。最后参与者会评估测量系统的感知干扰和最受欢迎的椅子。每个参与者都做了 3 次测量，每次坐在不同的座位上。3 个座位有 6 种组合，为了保证实验的随机性，将儿童分为 6 组，确定座位的顺序，在每一组中，有 ADHD 的儿童，也有非 ADHD 的儿童。

5. 实验结果及讨论

ADHD 儿童相比非 ADHD 儿童，在所有座位上的移动更强烈。活动座椅上，ADHD 儿童活动最强烈，学校座椅上最平静；而非 ADHD 儿童在活动座椅上最活跃。两者差异在治疗球上最小，ADHD 儿童 Me 值最高。

ADHD 儿童无论座位如何，认知测试表现均差于非 ADHD 儿童。平均而言，治疗球上表现最好，学校椅子上最差；但中位数显示相反，学校椅子上效果最好，治疗球上最差。多数情况下，儿童坐活跃座位时解决任务花费时间更多。然而，ADHD 儿童在 VWM 和 RC 任务解决速度上快于非 ADHD 儿童。

6. 结论

本研究表明，ADHD 儿童需要一个舒适、愉快的工作空间。但也要容许他们有适当的不安，比如摆动他们的腿，挤压一个球，在工作时站着等。该研究还揭示了 ADHD 症状强度不同的问题，这使得很难找到一种独特的解决方法来治疗患有这种神经障碍的儿童的学习障碍。

系统论视域下椅子与区域文化要素

在本章节中，我们将以“椅子”作为核心载体，深入探讨区域文化对椅子形成过程中各个子系统的影响。首先需要明确的是，不同领域对“区域”的定义各有不同。我们将采用社会学中的定义，社会学将“区域”理解为具有相似社会特征的人群所组成的聚居社区。在这种社区中，由于人类活动的存在，区域文化得以形成。区域文化的形成通常受制于该地区的语言、历史、风俗、宗教信仰、价值观和审美观念等因素。由于社会意识形态的差异，不同地区的审美标准各异；同时，由于宗教信仰和文化传统的不同，导致各个区域的文化特征有所差别。这些区域文化的差异以及个人审美的独特性，决定了在不同地区椅子的形式表达会有所不同。因此，本章将运用系统论的思维框架，通过具体案例分析椅子与相关的习俗、历史、宗教信仰、人类活动及自然环境等要素之间的相互关系，以及这些因素对椅子形态的影响。这一分析将帮助我们更全面地理解区域文化在设计中的作用，并通过系统的视角洞察设计对象的复杂性。

一、椅子—历史—习俗

交椅是一种源自古代马扎的便携式可折叠座椅（见图 9.11），它的独特之处在于增加了靠背和扶手，与传统马扎形成了显著的区别。马扎是人类最早摆脱直接坐在地面时所使用的工具之一，其历史可以追溯到五六千年前。在古巴比伦的石板雕刻图像中，就已经可以看到类似马扎的桌子，而在埃及金字塔内也曾出土过距今约 3 350 年的交椅。学术界普遍认为马扎和交椅的起源与游牧民族的生活方式息息相关，因为游牧生活的流动性，这些民族发明了便于携带的坐具。在中国，交椅最早出现在东汉时期，标志着这种便携式坐具在中国的萌芽。然而，交椅真正被广泛接受并传播开来，则是在南北朝时期。随着时间推移，交椅的形态逐渐演变。到了唐代，交椅出现了靠背，被称为“逍遥座”；宋代，交椅的形式更加多样化，产生了著名的“太师椅”；而在明代及晚清时期，交椅的装饰风格与整体设计进一步丰富，形成了更为复杂多样的形式。（张从军，2018）在中国北方的农村，无论是夏天还是冬天，交椅因为其便携性和舒适性，成为人们在户外与邻居聊天时的首选坐具。（李德炳，1983）此外，在许多有地摊文化的地方，交椅因其便携性和功能性，深受行商和摊贩的喜爱。随着工业社会的到来，新材料和设计风格的涌现，交椅的材质和表达形式也发生了变化（见图 9.12）。然而，其便携式功能始终未变，依然受到人们的青睐。总的来说，交椅的发展不仅是历史演变的结果，也深受人们生活习惯和文化风俗的影响，其形式、功能和材料都与这些因素紧密相关。

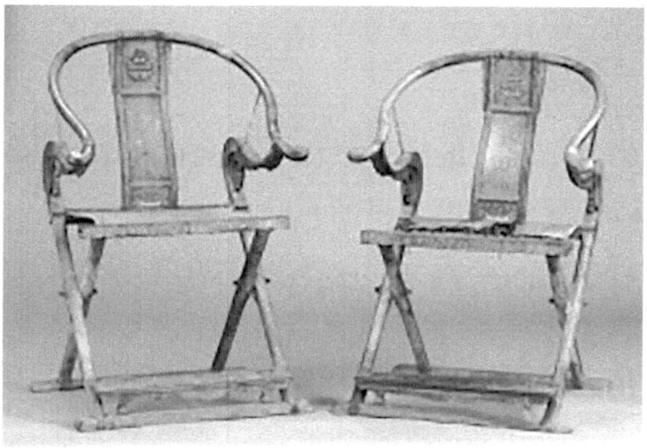

图 9.11　交椅

图 9.12　交椅的现代简约表达

二、椅子—宗教信仰—习俗

在湘西苗族的椅子设计中，独具特色的装饰手法不仅深刻地反映了苗族的信仰，还展现了浓郁的民族文化特征（见图 9.13）。这些装饰元素通常以山形、盘形和狗形为主，主要分布在椅子的靠背和扶手部位。这些设计不仅传递了苗族的信仰，还受到了当地居民生活习惯的深刻影响。苗族人民普遍身材不高，居住在气候寒冷的地区，因此他们有围炉取暖的习惯。此外，苗族家庭中的家具样式较为简单实用，大多具有多功能性，能够适应各种生活需求，如用餐、晒太阳等。因此，苗族的椅子设计通常较为低矮，以更好地适应他们的生活方式。从苗族椅子的设计系统中，我们可以清楚地看到，当地的信仰文化和生活习俗等子系统共同影响了椅子的最终设计风格。这些因素相互作用，塑造了苗族地区独具一格的椅子样式，体现了该地区文化与环境的独特性。

图 9.13　苗族的椅子设计

三、椅子—自然—习俗

在四川的民间生活中，带靠背的竹椅是极为常见的家具之一（见图 9.14）。这种椅子深受四川人民的喜爱，主要得益于该地区独特的自然地理环境。（郑春银、陈飞虎，2017）四川气候温暖湿润，物产丰富，使得竹材尤其适合当地的生活需求。在泡茶铺喝茶聊天是四川人民的一种典型生活方式，而带靠背的竹椅则成为茶铺的标配，因其舒适性和功能性，使得茶铺别具一格，成为地方文化的亮点。四川是楠竹和斑竹的重要产地，这些竹子因为生长在阳光充足的山坡上，具备较高的硬度和弹性。同时，竹材的特殊纹理和光滑的手感为人们带来了冰爽和舒适的体验。因此，带靠背的竹椅不仅是茶铺中的重要元素，也是四川家庭中不可或缺的一部分，在当地人的日常生活中占据了重要地位。总之，四川地区带靠背竹椅的广泛使用和深受喜爱，不仅是由于该地独特的自然地理环境，还与当地的生活习俗密不可分。这种家具既体现了对自然资源的合理利用，也真实反映了当地文化和生活方式。

图 9.14　四川的靠背竹椅

从系统论的视角来看，系统无处不在，世界上的任何事物都可以作为一个系统来进行处理和解决。整个世界实际上是由多个系统组成的一个庞大集合体。系统论的核心主题在于通过系统的视角来分析和观察事物，探讨对象之间的相互关联和相互影响，并揭示其共同的本质和内在规律。可以将系统论视为一种具有跨学科特性的工具或思维框架，它能够与其他学科领域进行交叉合作，结合其他领域的研究方法，深入研究世界上的各种事物。本章以“椅子”作为具体的载体，依据系统论的观点，详细阐述了“椅子”这一系统在特定区域文化中的表现形式。该系统中的多个子系统，例如宗教信仰、自然环境、风俗习惯及历史背景等，都在不同程度上影响着椅子的设计和形式。这些因素共同作用，决定了椅子的最终形态与特征。从方法论的角度来看，系统论能够为设计过程提供一种更为全面的思维模式和指导方针。当设计一把椅子时，系统论不仅帮助我们理解其设计的多样性和复杂性，还促使我们从更广泛的文化、社会和历史背景中去审视设计决策的合理性和科学性。通过这种系统化的思维，我们能够在设计过程中做出更为全面和深思熟虑的选择，从而创造出与特定文化背景相契合的设计作品。

系统论作为一种设计思维的理论，提供了一种独特的视角，能够广泛应用于不同领域之中。这种理论不仅可以独立运用，还可以与其他领域的研究方法相结合，形成更加综合的研究体系。系统论就像一个“思维框架”，帮助研究者更全面地考虑问题的各个方面。通过运用系统论，研究者能够更加深入地发现和分析问题，并在此基础上设计出更具创新性和有效性的解决方案，从而在复杂的设计情境中取得最佳成果。扩展来说，系统论不仅仅是一个工具，它更是一种方法论，指导设计师和研究者在面对复杂性和多样性的挑战时，能够从整体性和互动性的角度出发，理解各个要素之间的关系和相互作用。这种全局视野有助于揭示隐藏在表象背后的深层次问题，并促使研究者在制定解决方案时考虑到多重因素的相互影响。因此，系统论不仅有助于提升问题解决的效率，还能推动设计创新，为研究和实践提供新的思路和路径。在设计领域中，系统论还特别强调了设计对象与其环境之间的相互关系。这意味着设计师在进行设计时，不仅要关注单一产品或元素，还需要考虑这些设计如何与更广泛的环境系统协调和互动，从而提升适应性，保障长远的可持续性。在这个过程中，系统论能够引导设计师跳出传统思维的限制，探索更加多元、综合的设计方法，进而推动整个设计领域的发展和变革。

参考文献

[1] 徐恺 . 问题循迹与学术自觉：艺术设计学专业论文研究写作课教学实践 [D]. 沈阳：鲁迅美术学院，2023.

[2] 潘天波 . 丝路文明史研究范式：困境与援引 [J]. 西北民族大学学报（哲学社会科学版），2020(6)：140-149.

[3] 方海 , 陈红 . 现代家具设计中的“中国主义”：对椅子原型的研究 [D]. 赫尔辛基：芬兰赫尔辛基艺术与设计大学，2002.

[4] 张晓凡 , 陈满儒 . 基于“人本主义”语境下的办公家具的重构 [D]. 西安：陕西科技大学，2013.

[5] 谢振东 , 杨一丁 . 从考现到设计：街道“椅子”场所的共生 [J]. 住区，2020(3)：87-95.

[6] 农先文 . 中西方椅子设计史：中国古典哲学视域下的椅子设计及其象征性（前 33 世纪— 20 世纪）[M]. 武汉：武汉大学出版社 ,2018.

[7] 农先文 . 椅子的空间设计方法论：以赖特的椅子设计为例 [J]. 装饰，2020(12).

[8] 吴源桦 , 金薇薇 . 汉斯·瓦格纳椅子设计的美学分析 [J]. 美术教育研究，2022(2)：98-99.

[9] 曾分良 . 辽代椅子上十字形骑马榫的特征演变研究 [J]. 家具与室内装饰，2021(12)：24-27.

[10] 张煜 . 形式重构中椅子符号的本土化与国际化 [J]. 美术大观 ,2017(11)：86-87.

[11] 山娜 . 整体论视野下设计人类学的发展和应用研究：以椅子为例 [J]. 家具与室内装饰，2022(2)：1-4.

[12] 杜营 . 设计人类学视域下的萨科椅设计 [C]// 同济大学（Tongji University），齐鲁工业大学 , 国家社科重大项目《中华工匠文化体系及其传承创新研究》课题组 . 中国设计理论与社会变迁学术研讨会：第三届中国设计理论暨第三届全国“中国工匠”培育高峰论坛论文集 . 中国艺术研究院，2019：6.

[13] 王晖 . 勒·柯布西耶的模度理论研究 [J]. 建筑师，2023(1)：87-92.

[14] 颜朝辉 . 明式椅凳类家具的模件化分析 [J]. 包装工程，2020(6)：157-161.

[15] 李静，戴达鹏，郭洪武 . 面向智能制造的实木家具产品数字化设计技术 [J]. 林业工程学报，2024(4)：168-175.

[16] 杨希博，赵项 . 集成 AHP-AD-TOPSIS 的儿童家具产品设计路径研究 [J]. 家具与室内装饰，2024(2)：18-25.

[17] 刘玲玲，章晓洁，李鹏辉 . 基于 AHP-GUCDR 模型的铜鼓元素家具产品设计研究 [J]. 林产工业，2023(3)：56-61.

[18] 谢振东 . 基于日常考现的社区“溢出”场所营造：以广州市华康社区为例 [D]. 广州：广州美术学院，2020.

[19] 许美婷 . 德国包豪斯时期家具材料设计变革研究 [D]. 株洲：湖南工业大学，2014.

[20] 余顺明 . 计划经济体制下的潮州日用瓷设计研究 [D]. 景德镇：景德镇陶瓷大学，2022.

[21] 庞欣 .《清明上河图》中的宋代家具形式研究 [J]. 家具与室内装饰，2020(10)：30-31.

[22] 郭伟 . 楚艺术几何纹样在当代服饰语境下的反思与重构 [J]. 服装设计师，2017(6)：11-21.

[23] 张欧 . 椅子的设计史及其经典化 [J]. 徐州工程学院学报（社会科学版），2022(4)：85-91.

[24] 蔡力 . 古代椅子形制发展中的文化特点与设计分析 [J]. 盐城工学院学报（社会科学版），2021(3)：78-81.

[25] 李杨 .《西园雅集》图中的宋代家具研究 [J]. 家具与室内装饰，2021(7)：68-71.

[26] 彭亮，董玉库 . 中外学者明清家具研究百年历程脉络梳理：西学与中学 [J]. 家具与室内装饰，2021(1)：4-7.

[27] 罗毅 . 彝人家具色彩心理研究 [J]. 艺术评论，2016(3)：124-126.

[28] 曹文斌 . 从科学、伦理学和美学解读真善美的辩证关系 [J]. 湖北函授大学学报，2015(17)：57-58.

[29] 臧美莹 . 复古融合多元通俗：民国上海家具设计风格的关键字研究 [J]. 艺术市场，2022(9)：80-83.

[30] 王栋 . 北欧椅类家具的人体工程学研究 [D]. 哈尔滨：东北林业大学，2013.

[31] 林秀云 . 家具设计中的“空间语言”研究 [D]. 长沙：中南林业科技大学，2009.

[32] 余秉颐 . 真善美的价值统会——论东方美哲学思想的终极追求 [J]. 中国哲学史 . 2021(5)：105-111.

[33] 黄炎 . 祥利·东方：低调中的奢华，内敛中的韵味 [J]. 家具与室内装饰，2016(10)：32-37.

[34] 高嘉潞 . 试论绿色设计与美学 [J]. 西部皮革，2019(9)：54-55.

[35] 殷瑞钰 , 李伯聪 , 贾玉树 , 等 . 工程哲学与真善美 [J]. 工程研究 - 跨学科视野中的工程 ,2021(4)：344-352.

[36] 吴文治 . 椅子设计的生物学之镜 [J]. 常州工学院学报 (社科版)，2016(1)：59-64.

[37] 农先文 . 椅子的空间设计方法论：以赖特的椅子设计为例 [J]. 装饰，2020(12)：142-143.（该书数字对象唯一标识符为：DOI:10.16272/j.cnki.cn11-1392/j.2020.12.042.）

[38] 杨东旭 . 从宋、明、清椅子看中国传统家具设计的权力特征 [J]. 美与时代 (上)，2016(6)：105-107.（该书数字对象唯一标识符为：DOI:10.16129/j.cnki.mysds.2016.06.037.）

[39] 常语慧 , 吕从娜 . 人体工程学在椅子设计中的运用 [J]. 艺术科技 ,2017(5)：31.

[40] 罗志栋 . 人体工程学在家具产品设计中的应用 [J]. 现代装饰 (理论)，2017(2)：106.

[41] 苏垣 , 王周 . 从人体工程学出发对椅子设计的舒适与健康之辨析 (一)[J]. 家具与室内装饰，2018(10)：7-8.（该书数字对象唯一标识符为：DOI:10.16771/j.cn43-1247/ts.2018.10.001.）

[42] 苏垣 , 王周 . 从人体工程学出发对椅子设计的舒适与健康之辨析 (二)[J]. 家具与室内装饰，2018(11)：9-10.（该书数字对象唯一标识符为：DOI:10.16771/j.cn43-1247/ts.2018.11.001.）

[43] DavidHugh 正式进军中国市场发布 Elysium 零重力椅中国首秀 [EB/OL]. 凤凰网家居 . https://home.ifeng.com/c/7qsKc1ylfmK.

[44] 中国国家标准化管理委员会 . GB/T 1000—800 标准名称 [M]. 北京：中国标准出版社 .

[45]Adámek, K., Havelka, A., K s, Z., Mazari, A. Correlation of Air Permeability to Other Breathability Parameters of Textiles[J]. Polymers, 2021,14(1), 140.（该书数字对象唯一标识符为：DOI:10.16129/j.cnki.mysds.2016.06.037.）

[46] 刘云月 . 由中外椅子发展史浅析设计的发展 [J]. 大众文艺，2016(16)：74.

[47] 张为 , 张晓 . 现代椅子设计中材料工艺的嬗变 [J]. 包装工程，2011(16)：97-100.（该书数字对象唯一标识符为：DOI:10.19554/j.cnki.1001-3563.2011.16.028.）

[48] 董荪 , 钱昀 , 郭凯 . 有限元分析方法在某型椅子设计中的应用研究 [J]. 装饰，2011(3)：105-106.（该书数字对象唯一标识符为：DOI:10.16272/j.cnki.cn11-1392/j.2011.03.001.）

[49] 山娜 . 整体论视野下设计人类学的发展和应用研究：以椅子为例 [J]. 家具与室内装饰，2022(02)：1-4.（该书数字对象唯一标识符为：DOI:10.16771/j.cn43-1247/ts.2022.02.001.）

[50] 梁惠萍 , 刘颖平 , 陈亚君 . 办公椅形态设计要素眼动追踪试验 [J]. 林业工程学报，2022(02)：207-214.

[51] 侯佳，胡昊琪，刘博敏．基于服务设计理念的学龄前儿童阅览室桌椅用户需求分析[J]. 包装工程，2022(22)：134-142.

[52] 易欣，梁家明，梁卓强．基于 QFD/TRIZ/FEM 集成的儿童摇椅创新设计研究 [J]. 林产工业，2021(09)：17-22.

[53] J.-Y. Zhu, T. Park, P. Isola, and A. A. Efros. Unpaired image-to-image translation using cycle-consistentadversarial networkss. In Computer Vision (ICCV), IEEE International Conference on, 2017.

[54] M.-Y. Liu, T. Breuel, and J. Kautz Unsupervised image-to-image translation networks. in Advances in NeuralInformation Processing Systems，2017: 700–708.

[55] Betty Alexandra Toole,Rosalind Ashford,Critical Connection(2010).Ada, the Enchantress of Numbers: Poetical Science.Critical Connection Sausalio, California.

[56] Liu, Z., Gao, F., Wang, Y. (2019, March). A generative adversarial network for AI-aided chair design. In 2019 IEEE Conference on Multimedia Information Processing and Retrieval (MIPR) (pp. 486-490). IEEE.

[57] Zhang, B., Tang, J., Niessner, M., & Wonka, P. (2023). 3dshape2vecset: A 3d shape representation for neural fields and generative diffusion models. ACM Transactions on Graphics (TOG), 42(4), 1-16.

[58] Hall, A., Mayer, T., Wuggetzer, I., & Childs, P. R. (2013). Future aircraft cabins and design thinking: optimisation vs. win-win scenarios. Propulsion and Power Research, 2(2): 85-95.

[59] Steinnagel, C., Bastimar, C., Gembarski, P. C., Plappert, S., Müller, P., & Lachmayer, R. (2023). Application of the Computational Design Synthesis framework for individualized car seats. Procedia CIRP, 119: 1109-1114.

[60] Nash, C., & Williams, C. K. (2017, August). The shape variational autoencoder: A deep generative model of part-segmented 3d objects. In Computer Graphics Forum (Vol. 36, No. 5, pp. 1-12).

[61] Ahmadnia, A., Viscuso, S., Behmanesh, H., & Zanelli, A. (2020, June). A waste-based structure for an emergency shelter through materialization of 3D graphic statics. In Proceedings of IASS Annual Symposia (Vol. 2020, No. 14, pp. 1-10). International Association for Shell and Spatial Structures (IASS).

[62] Ren, M., Fan, J., Yu, C., & Zheng, P. (2024). CockpitGemini: A personalized design framework for smart vehicle cockpits integrating generative model-based multi-agent systems and human digital twins. International Journal of AI for Materials and Design, 4220.

[63] Fuge, M., Yumer, M. E., Orbay, G., & Kara, L. B. (2012). Conceptual design and modification of freeform surfaces using dual shape representations in augmented reality environments. Computer-Aided Design, 44(10): 1020-1032.

[64]《设计》编辑部 . 智能设计 [J]. 重塑设计的边界 . 设计，2024(2)：5.

[65] 李杰 , 李叶 , 曹楠 . 数学、人工智能及计算机技能应被注入设计核心能力 [J]. 设计，2023(6)：34-39.

[66] 王楠楠，王丹花 . 场景化思维下的高铁站候车座椅设计研究 [J]. 包装工程，2023(22)：216-224.

[67] 胡海权，于瑞卿 . 情境故事分析法在失能老人自护理系统创新设计中的应用程序 [J]. 装饰，2021(9)：128-129.

[68] 谭建荣，冯毅雄 . 智能设计：理论与方法 [M]. 北京：清华大学出版社，2020.

[69] 刘玲玲，马彪，李鹏辉，等 . 基于薄竹缠绕工艺的参数化坐具设计研究 [J]. 林产工业，2023(10)：54-58，63.

[70] 黄维达 . 结构性能化设计工具在家具设计中的应用和比较 [J]. 包装工程，2023(18): 184-189.

[71] 冯冠青，朱春福，王崑，等 . 寒地城市景观坐具设计教学研究 [J]. 黑龙江生态工程职业学院学报，2016(02)：90-94.

[72] 鲁睿 , 耿华雄 , 李致 , 胡一可 . 投影遮挡分析优化公共坐具布局研究 : 以北京王府井步行街为例 [J]. 中国园林 ,2021(11)：39-44.

[73] 殷丽清 . 基于诉求驱动的高校户外坐具设计 [J]. 包装工程，2019(20)：159-163，168.

[74] 刘丽雅 . 基于行为心理的互动体验城市坐具研究与设计 [J]. 包装工程，2019(6)：213-216.

[75] 王琛 , 蒋玉婷 , 陆雪 . 拼合蛋椅模型的设计与制作 [J]. 艺术科技，2019(9)：71.

[76] Stanić , Taja Žnidarič , Grega Repovš ,and Gregor Geršak. Dynamic Seat Assessment for Enabled Restlessness of Children with Learning Difficulties [J].Sensors,2022(9).

[77] 武月琴，武雨飞，史志远 . 基于系统论和 TRIZ 理论的空轨货运动车设计 [J]. 包装工程，2023(4)：406-412.

[78] 尹俊方，孙虎，冉秋艺 . 基于“人—机—环境”系统的智能名优采茶机设计研究 [J]. 包装工程，2021(12)：183-190.

[79] 李萌，王枫红 . 系统论在现代纸制家居产品设计中的应用与研究 [J]. 图学学报，2018(4)：679-683.

[80] 张从军 . 交椅 [J]. 民俗研究，2018(3)：161.

[81] 李德炳 . 中国少数民族家具（一）[J]. 家具，1989(1)：10-12.

[82] 郑春银 , 陈飞虎 . 四川民间靠背竹椅的工艺特征探析 [J]. 装饰，2017(4)：120-121.

[83] Kurokawa, M. 椅子と身体 Chair and Body[M]. Design Tope Co., Ltd，2018.

[84] 李立新 . 设计艺术学研究方法 [M]. 南京：江苏美术出版社，2010.

[85] 柳冠中 . 设计方法论 [M]. 北京：高等教育出版社，2011.

[86] 李立新 . 设计价值论 [M]. 北京：中国建筑工业出版社，2011.

[87] 澹台卓尔 . 椅子“改变”中国 [M]. 北京：中国国际广播出版社，2009.

[88] 徐志华 . 历史学视域下设计学的跨边界研究 [J]. 创意与设计：2023(5).

[89] 李红岩 . 从社会性质出发：历史研究的根本方法 [J]. 中国史研究：2017(3).

[90] 管幸生，阮绿茵，王明堂，等 . 设计研究方法 [M]. 4 版 . 新北：全华图书股份有限公司，2018.

[91] 李立生 . 设计艺术学研究方法 [M]. 南京：江苏美术出版社，2010.

[92] 司马贺 . 人工科学 [M]. 武夷山 , 译 . 上海：上海科技教育出版社，2004.

[93] 诺曼 . 设计心理学 [M]. 梅琼 , 译 . 北京：中信出版社，2010.

[94] 谭建荣 , 冯毅雄 . 智能设计理论与方法 [M]. 北京：清华大学出版社 .

[95] 董卫国 . 新型纤维材料及其应用 [M]. 北京：中国纺织出版社，2020.

[96] 梁冬 . 纺织新材料的开发及应用 [M]. 2 版 . 北京：中国纺织出版社，2018.

[97] 闫春泽 . 3D 打印聚合物材料 [M]. 北京：化学工业出版社，2021.

[98] 吕鉴涛 . 3D 列印、原理、技术应用 [M]. 北京：人民邮电出版社，2020.

[99] 汤普森 . 写给设计师的工艺全书 [M]. 武汉：华中科技大学出版社，2020.

[100] 柳沙 . 设计心理学 [M]. 上海：上海人民出版社，2016.